Dziesięć Przykazań Boga
&
Kazanie na Górze

AF271763

Wieczne Słowo,
jedyny Bóg, wolny Duch,
mówi przez Gabriele,
tak jak przez wszystkich proroków Boga:
Abrahama, Hioba, Mojżesza,
Eliasza, Izajasza,
Jezusa z Nazaretu –
Chrystusa Bożego

Dziesięć Przykazań
BOGA

danych poprzez Mojżesza,
wyjaśnionych współczesnymi słowami
przez prorokinię
i ambasadorkę Boga Gabriele

&

Kazanie na Górze

Jezusa z Nazaretu,
wyjaśnione, sprostowane i pogłębione
przez samego Chrystusa,
objawione przez prorokinię
i ambasadorkę Boga Gabriele

Gabriele - Wydawnictwo
Słowo

Wydanie pierwsze 2022 r.

© Gabriele-Verlag Das Wort
Max-Braun-Str. 2, 97828 Marktheidenfeld, Niemcy
www.gabriele-verlag.com
www.gabriele-wydawnictwo.com

Tytuł oryginału:
„Die Zehn Gebote Gottes
&
Die Bergpredigt des Jesus von Nazareth"

S182TBPLPOD

Interpretacja tekstu
na podstawie oryginału niemieckiego.
Tłumaczenie autoryzowane przez
Gabriele-Verlag Das Wort GmbH

ISBN 978-3-96446-362-3

Spis treści

Dziesięć Przykazań
BOGA
danych poprzez Mojżesza,
wyjaśnionych współczesnymi
słowami
przez prorokinię
i ambasadorkę Boga
Gabriele

Spis treści

Dziesięć Przykazań Boga, wyjaśnionych współczesnymi słowami

Przedmowa

L itera ożywi się dopiero wtedy, gdy człowiek zacznie spełniać przykazania Boże. Dzięki temu będzie powoli dojrzewał i wrastał we wszechobejmujące prawo miłości i życia. Jedynie ten, kto spełnia przykazania sercem i w duchu miłości, rozpozna wszechobejmujące Prawo i odnajdzie Prawdę, która jest w głębi duszy człowieka.

Bóg dał człowiekowi przez Mojżesza Dziesięć Przykazań.

Duch Boży jest wolnością. Wolny, wieczny i wszechobecny Duch, na Zachodzie nazywany Bogiem, jest wszechobecnym bytem, wszechobecnym życiem. On jest siłą wszechświata, strumieniem w potężnych słońcach i planetach. On jest życiem w ziemi, w każdej roślinie, w każdym zwierzęciu, w każdym kamieniu i wreszcie w każdym człowieku i w każdej duszy. Wszechobecny, wolny Duch, Bóg, jest więc wszechsiłą w całej nieskończoności.

Przykazania Boga dane za pośrednictwem Mojżesza są naprawdę pomocą w życiu i darem miłości Odwiecznego dla Jego ludzkich dzieci, są esencją wszechobejmującego prawa nieskończoności. Ponieważ w Duchu wiecznego bytu, wiecznego życia, wszystko jest zawarte we wszystkim, to w każdym przykazaniu możemy też odnaleźć inne przykazania.

My, ludzie, dostaliśmy zadanie wypełniania w ziemskim życiu przykazań Wszech-Jedynego, to znaczy mamy według nich żyć, a nie tylko o nich wiedzieć lub je czytać. Przykazania Boga nie zawierają zakazów, ponieważ wolny Duch jest wolnością, która mówi: człowiek ma wolność przyjęcia wskazówek Boga i życia według nich lub ich odrzucenia.

Ponieważ Bóg nie ingeruje w życie człowieka, człowiek sam jest odpowiedzialny za swoje życie, za treść swoich uczuć, odczuć, myśli, słów i czynów.

Przykazania Boga to prawidłowości, to esencja wiecznego królestwa Bożego. Człowiekowi starającemu się je wypełniać pomagają osiągnąć wyższy poziom etyki i moralności, dzięki czemu wysubtelnia swoje myślenie, mówienie i postępowanie. Kto obiera drogę spełniania przykazań Bożych, ten uszlachetnia też swoje zmysły i osiąga wyższe horyzonty życia; pojmuje, że przyroda i zwierzęta również należą do jedności Bożej. Ożywianie przykazań Bożych przez ich spełnianie prowadzi do osiągnięcia wolności i jest życiowym sukcesem.

Przykazania Boże są propozycją Boga, wolnego Ducha, skierowaną do nas, ludzi, abyśmy według nich żyli i dzięki nim – poprzez osiąganie wyższej etyki i moralności – uczyli się rozumieć, co oznacza sprawiedliwość, jedność, miłość do Boga i bliźniego. Dzięki temu stopniowemu wypełnianiu przykazań człowiek coraz bardziej zbliża się do życia, które jest uniwersalnym, wolnym

Duchem: Bogiem, Wszech-Duchem, we wszystkim.

W toku stopniowego wypełniania przykazań Bożych człowiek nie tylko coraz bardziej zagłębia się w nie, lecz także doświadcza, że wolny, wszechobecny Duch jest również w nim.

Powtórzmy: Życie to Bóg, wolny Duch, jeden i ten sam we wszystkich kulturach na całym świecie. Wolny Duch jest we wszystkich kulturach świata nieskończoną różnorodnością i pełnią istnienia. Każde przykazanie Boga to brama do pełni życia, ponieważ Bóg, wolny Duch, jest życiem. Gdy w wyniku naszych prawidłowych myśli i czynów zanurzymy się w głębiny życia, w korzenie istnienia, to odkryjemy, że każde przykazanie ujmuje różnorodność istnienia i jako źródło siły zawarte jest w innym przykazaniu. Pojęcie „wolny Duch", którego na Zachodzie nazywamy Bogiem, nie oznacza „Boga" prezentowanego przez księży i pastorów.

Człowiek Jezus z Nazaretu był Synem Boga, a jako istota w Bogu jest współwładcą królestwa Bożego, Chrystusem Bożym, który jako Jezus z Nazaretu przyniósł nam zbawienie i drogę powrotną do domu Ojca. Jako Jezus z Nazaretu nauczał On ludzi, że odwieczny Ojciec i On są jednym, co oznacza: jeden Duch, jedna miłość, jedna prawda, wieczna prawda, bezkresne, wieczne prawo dające wolność. Duch Chrystusa Bożego jest w Ojcu, a Ojciec jest w Duchu Chrystusa Bożego – jeden Duch, jedno życie, jedna prawda.

Od niemal pięćdziesięciu lat wolny Duch, Duch Chrystusa Bożego, objawia się przez Gabriele, Jego prorokinię i ambasadorkę, która jest wysłanniczką niebios. Chrystus Boży, wolny Duch, nie jest związany z żadną zewnętrzną religią, ponieważ – jak nauczał Jezus z Nazaretu i jak dzisiaj naucza Chrystus Boży – każdy człowiek jest świątynią Boga, dlatego nie potrzebuje świątyni, kościoła z kamienia, aby odnaleźć Boga, wieczną Wszech-Inteligencję, wiecznego Ducha, i się do Niego modlić.

Dzisiaj Duch Chrystusa Bożego mówi w Nowy Czas.

Bóg, Odwieczny, jest niezmienny; On jest taki sam wczoraj, dzisiaj i jutro. To samo dotyczy

Dziesięciu Przykazań Bożych przekazanych przez Mojżesza. Duch Chrystusa Bożego, który objawia się współcześnie, przemówił do serca swojej prorokini i ambasadorki Boga, Gabriele, która w swoich słowach przekazuje to, co ma szczególne znaczenie dla Nowego Czasu, ponieważ kult bożków przybiera coraz większe rozmiary.

Jeśli wierzymy w Dziesięć Przykazań Bożych i nauki Jezusa, Chrystusa, a przede wszystkim w naukę niebios, Kazanie na Górze, i jeśli określamy siebie mianem chrześcijan lub prachrześcijan, lub mianem następców Jezusa z Nazaretu, to automatycznie zobowiązujemy się do wypełniania tego, co z tym mianem się wiąże.

Jedno jest pewne: wypełnianie tego, co Odwieczny przekazał nam w Dziesięciu Przykazaniach, a Jezus z Nazaretu w naukach Kazania na Górze, nie ma nic wspólnego z dogmatami ani postanowieniami instytucji kościelnych i kościelnymi rozporządzeniami.

Pierwsze przykazanie Boże

J a Jestem Pan, Bóg twój.
Nie będziesz mieć innych bogów
obok Mnie.

Bóg Abrahama, Izaaka i Jakuba, Bóg mówiący
przez Mojżesza, przez wszystkich proroków Bożych, to wolny Duch, to wieczne prawo, miłość
i miłość do bliźniego.

Bóg, wolny Duch, jest mocą stwórczą we
wszystkim. Dokądkolwiek idziemy, na cokolwiek patrzymy – we wszystkim jest wiecznie pa-
nujący Duch. W każdym człowieku, czyli w nas,
w naszej duszy, jest Duch prawdy, wolny Duch.
On porusza nas w każdej komórce ciała i działa przez nasz oddech. Wszystko, co nas otacza,
co widzimy i czego nie dostrzegamy, nosi w sobie Ducha, Boga, który jest życiem.

Człowiek w sednie swojej duszy jest boski,
jednakże nie jest on Bogiem. Boska istota istnieje wiecznie, ponieważ ujrzał ją i stworzył Bóg,

niebiański Ojciec. Czysta istota nazywana jest również istotą duchową.

Słowo Boga, przykazanie dane poprzez Mojżesza, uczy nas: *„Nie będziesz miał innych bogów obok Mnie"*. Co to za bogowie, równi bożkom, i ilu takich dodatkowych bożków, uzależniających od siebie tych, którzy oddają im cześć, stworzył sobie współczesny człowiek? To są pieniądze, wysoko rozwinięta technika, uzależnienie od przyjemności lub hazardu, dążenie do władzy, ekstremalne życzenia, żądze, pasje i wiele innych. Każde z tych uzależnień ma odpowiednią postać bożka, uwielbianego współcześnie przez wielu ludzi na całym świecie. Ludzie ubóstwiają ludzi lub czczą ich, przyjmując na wiarę pogląd, że ci drudzy zostali powołani przez Boga do prowadzenia i pouczania innych, nawet pod przymusem, żeby ich związać. Wielu płaci dziś daninę tym bogom, bożkom, oraz tak zwanym hierarchom, którzy dają się ludziom czcić.

Królestwo Boże jest siedmiowymiarowe – takie jest również wszechobejmujące prawo, wieczne prawo, Bóg.

My, ludzie, otrzymaliśmy od Boga poprzez Mojżesza wyciąg z siedmiowymiarowego, wiecznego prawa w formie dopasowanej do trójwymiarowego świata – Dziesięć Przykazań. Wprowadzone w życie przykazania Boga mogą nam pomóc pojąć wszechobejmujące życie pochodzące od Boga. Tylko przez stopniowe spełnianie przykazań człowiek może osiągnąć wyższy poziom etyki i moralności i tylko w taki sposób rozszerzy się jego świadomość, która będzie sięgała coraz głębiej i dalej.

Ponieważ królestwo Boże jest siedmiowymiarowe, nie powinniśmy tworzyć sobie obrazu królestwa Bożego, nieba, ani też obrazu tego, co jest na ziemi, w ziemi i ponad nią. Potraktujmy poważnie słowa Jezusa z Nazaretu, który uczył nas: *„Duch Boży jest w tobie, a ty jesteś świątynią Ducha Świętego".* Ubóstwiane wizerunki, na przykład posągi i obrazy świętych, odciskają trójwymiarowe piętno na duszy. Kiedy potem nadchodzi godzina, w której ciało, powłoka duszy, umiera, wówczas dusza przechodzi w obszary zaświatów.

W niej powstają wtedy i przylegają do niej obrazy trójwymiarowe, które nie przystają do siedmiowymiarowego życia. Pewnego dnia dusza będzie musiała pojąć, iż te informacje, te trójwymiarowe obrazy, do których modliła się jako człowiek, nie odpowiadają wiecznemu, siedmiowymiarowemu życiu.

My, ludzie, nie potrafimy wyobrazić sobie królestwa Bożego, nie potrafimy również stworzyć sobie obrazu światów czysto duchowych ani też istot duchowych, które nazywamy aniołami; nie umiemy też stworzyć sobie obrazu Boga, naszego wiecznego Ojca, którego nazywamy Bogiem Ojcem-Matką i do którego modlimy się w „Ojcze Nasz". Podobnie nie potrafimy sobie stworzyć obrazu Chrystusa, współwładcy królestwa Bożego. Obrazy i posągi odpowiadają jedynie naszemu ludzkiemu światu wyobraźni. Dlatego też nie powinniśmy adorować żadnych wizerunków.

Nie powinniśmy też modlić się do ciała Jezusa na krzyżu. Jego Duch zmartwychwstał i będąc Synem Bożym, siedzi On, jako współwładca królestwa Bożego, po prawicy wiecznego Ojca. Syn Boga, współwładca królestwa Bożego, jest zbawieniem wszystkich ludzi i dusz. On jest drogą, prawdą oraz życiem i On, Chrystus, prowadzi nas do wiecznego Ojca, do wiecznego, siedmiowymiarowego królestwa. Krzyż bez ciała, jako symbol Jego Czynu Zbawczego, jest drogowskazem do królestwa Bożego, do królestwa pokoju, jedności i wolności.

Jak przeczytaliśmy, wieczny, wolny Duch jest wszechobecnym życiem i tym samym jest obecny w każdym zwierzęciu, w każdej roślinie, czyli w przyrodzie, w minerałach, w każdym kamieniu. W każdej kropli wody jest życie. Wszystko we wszystkim jest jednością, a jedność w Bogu to nieprzemijające życie. Również my, ludzie, jesteśmy tylko powłoką wiecznego życia. W głębi naszej duszy należymy do królestwa Bożego. Tak jak nasze fizyczne ciało jest tylko powłoką prawdziwego życia, tak też każda forma ziemskiego życia – każde zwierzę, każda roślina, każde drzewo, każdy krzew, każdy kamień – jest tylko powłoką życia. Życie, moc stwórcza, tętni we wszystkich i we wszystkim – to wolny Duch, wieczne prawo miłości do Boga i do bliźniego. We wszystkim, co widzimy i czego nie dostrzegamy, tkwi wszechobejmujące, wieczne życie. Materia – to, co trójwymiarowe – jest powłoką; ona jest tylko przyćmionym odbiciem stworzenia Bożego, w którym tętni siedmiowymiarowe życie.

Drugie przykazanie Boże

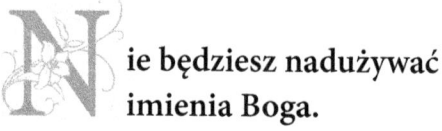 **ie będziesz nadużywać imienia Boga.**

W jaki sposób my, ludzie, nadużywamy imienia Boga? Na przykład jeżeli przeklinamy w Jego imieniu, nieuczciwie przysięgamy lub lekkomyślnie, nieopatrznie wołamy: „Dobry Boże, dobry Boże!", nie zdając sobie sprawy z tego, że wypowiadając słowo „Bóg", wcale nie mamy Boga na myśli; również gdy używamy pozdrowień typu „Szczęść Boże!" lub „Z Bogiem", nie zwracając uwagi na to, że nasze usta wypowiadają absolutną Inteligencję.

W niektórych rozmowach pojawia się: „O Boże, o Boże!". Co myślimy przy tym my, ludzie? W większości przypadków są to tylko puste słowa, frazesy. Jednakże, jak dziś wiadomo, wszystko jest energią. Stąd wniosek, że za każde słowo, które wychodzi z naszych ust, jesteśmy odpowiedzialni my sami, nie Bóg. Każdy człowiek, który bez potrzeby używa imienia Boga, nie tylko nadużywa Jego imienia, ale i marnotrawi swoją energię, przez co sam siebie karze. Zgodnie z zasadą: akcja równa się reakcji, to my jesteśmy odpowiedzialni za swoje myśli, słowa i czyny – nie Wszechmogący.

Chrystus zalecił nam sprawdzanie własnych myśli i słów w świadomości: Co myślimy i o czym mówimy? Czy nasz sposób postępowania jest zgodny z tym, co wypowiadamy, na przykład: „Szczęść Boże!", „Z Bogiem", „O Boże, o Boże!"? Wszystko jest energią. A więc nasuwa się pytanie: czy to Bóg nas ukarze za to, że występujemy przeciwko naszej własnej energii, która dana jest nam na to ziemskie życie? Nie, to my sami siebie karzemy, zmniejszając swoją życiową siłę, swoją energię.

Ciągle się słyszy: „Dzięki Bogu to mi się udało – ewentualnie – to mnie ominęło!". Czy naprawdę jesteśmy wdzięczni Bogu, czy też wypowiadamy te słowa lekkomyślnie, tylko jako pewien zwrot, zwykły frazes? Niestety bardzo rzadko zdarza się, że poważnie analizujemy takie sytuacje i bardzo rzadko korzystamy z okazji, by zastanowić się nad sobą, przemyśleć swoje postępowanie, swoje życie i w końcu też swój siew, który na pole naszej duszy przynoszą nasze myśli i słowa – świadome lub nieprzemyślane i nierozważne.

My, ludzie, powinniśmy być coraz bardziej świadomi tego, że nasz siew kiedyś wzejdzie. Co wtedy? Ten, kto wierzy w akcję wywołującą reakcję, w siew i zbiór, w przyczynę i skutek, rozumie, że Odwieczny, którego na Zachodzie nazywamy Bogiem, nie karze. W efekcie do niczego nas też nie zmusza, ponieważ w Jego przykazaniach jest tylko „będziesz", a nie „musisz". Te przykazania są Jego propozycjami, wskazaniem właściwego kierunku. Człowiek jest wolny, by myśleć, mówić i działać, jak chce. Ponieważ my, ludzie, jesteśmy wolni, jesteśmy też odpowiedzialni za swoje dzieła, za wszystko, co każdego dnia czujemy, odczuwamy, myślimy, mówimy i robimy.

My, ludzie, powinniśmy rozróżniać pomiędzy „musisz" a „musimy".

„Musisz" jest osobiste, skierowane do osoby i z myślą o osobie, a w związku z tym jest wbrew wolności z Boga, którą potwierdza „będziesz".

Natomiast słowo „musimy" nie jest osobiste, ponieważ dotyczy ogółu, a nie jakiegoś człowieka osobiście, chyba że chodzi o nakaz. Wtedy przechodzi ono do sfery osobistej i zniewala. Wynikiem tego narzucenia jest: dziel, wiąż i rządź!

Za pośrednictwem Mojżesza Bóg, Odwieczny, zaoferował ludziom ze swojego niebiańskiego prawa przykazania. W połączeniu z nauką Jezusa z Nazaretu, w szczególności z Kazaniem na Górze, są one drogą do królestwa Bożego.

Chrystus jest współwładcą królestwa Bożego. Jego imię, Chrystus, jest wykorzystywane przez niektóre partie polityczne, a więc nadużywane. Imię wszechmogącego Boga, imię Jego Syna nie ma nic wspólnego z polityką. Zachodzi więc pytanie: czy nie jest ono ewentualnie wykorzystywane tylko jako szyld, na zewnątrz, aby mamić ludzi? Ten, kto chciałby sprawdzić przemówienia ludzi również w tak zwanych partiach chrześcijańskich, i w końcu także swoje własne postępowanie, niech w Kazaniu na Górze przeczyta, po czym Jezus zalecił nam rozpoznawać ludzi. On powiedział między innymi: *„Po owocach rozpoznacie ich"*.

Kto przestrzega Dziesięciu Przykazań Bożych i nauk Jezusa z Nazaretu, ten również rozpozna i pojmie, jak bardzo nadużywane jest imię Boga i imię Jezusa, Chrystusa, w tak zwanych partiach chrześcijańskich, wspólnotach, kościołach i tym podobnych. Każdy musi odpowiedzieć przed prawem nieskończoności, przed Bogiem, a także przed sobą, za to, co pozoruje lub do czego dołącza. To obowiązuje również wtedy, gdy wiemy o jakiejś niesprawiedliwości i milczymy, a na dodatek wciąż potwierdzamy swoją przynależność do danej grupy.

W instytucjach kościelnych jest mowa o Bogu karzącym. Zgodnie z zasadą wolnej woli to my sami siebie karzemy, jeżeli mamy wiedzę o przykazaniach Bożych i je odrzucamy. Prawo

Nieskończonego to miłość do Boga i do bliźniego. Ono zawiera wolność. Kto przestrzega zasad kościelnych opartych na „musisz", kto wierzy w karę wiecznego potępienia, ten jeszcze nie zastanowił się nad nadużywaniem przykazań Bożych i nauk Jezusa z Nazaretu.

My, ludzie, jesteśmy ciągle zatrzymywani przez Odwiecznego, wolnego Ducha, by nauczyć się rozumieć sens słów – także tych, które dotyczą przykazań Bożych. Słowa ludzkie to tylko powłoki, podobnie jak sam człowiek jest tylko powłoką prawdziwego życia, powłoką swojej duszy. Ludzkie słowa są więc powłokami podobnymi do łupin; decydująca jest ich zawartość.

Dopiero gdy my, ludzie, będziemy gotowi na to, by odnaleźć prawdę w przykazaniach Bożych i w słowach Chrystusa Bożego poprzez ich stosowanie w życiu codziennym, doświadczymy wolnego Ducha, który nie zmusza i nie karze.

Jakże często słyszymy lub czytamy o siewie i zbiorze, o przyczynie i skutku, o akcji wywołującej reakcję.

Stara ludowa mądrość, powtarzana bezrefleksyjnie jak wiele innych, głosi: *„Kto nie chce słuchać, ten musi poczuć"*. Kto więc nie chce słuchać wskazówek Odwiecznego, ten podąża własnymi drogami. Za przeszkody, o które się potyka i które sam sobie ustawia na drodze, za treść zawartą w uczuciach, myślach i słowach nie może obarczać odpowiedzialnością innych, a już na pewno nie wolnego Ducha, zwanego na Zachodzie Bogiem. Jednak gdy z czasem człowiek upada z powodu przeszkód, które sam sobie ustawił na drodze, w większości przypadków oskarża o to Boga. Starą ludową mądrość puszcza mimo uszu, tak jak prawo: *„co człowiek sieje, to zbierze"*. A więc kto nie chce słuchać, ten musi poczuć.

Ten zaś, kto poczuje swoje własne zapisy, swoje przeszkody, powinien być świadom tego, że odwrócił się od przykazań Bożych i nauk Jezusa z Nazaretu, że nie przyjął podawanej mu wiele, wiele razy pomocnej ręki wolnego Ducha, Boga. Troski, zmartwienia, cierpienia i wiele innych nie są spowodowane wolą Odwiecznego – to wynik irracjonalnego myślenia i zachowania człowieka.

Kiedy człowiek odczuje własne kajdany, to najczęściej nie przypisuje tego sobie, lecz zadaje pytanie: „Dlaczego Bóg do tego dopuszcza?" Zamiast tego powinien raczej zapytać: „Człowieku, dlaczego ty dopuszczasz do tego, by to cię spotkało?".

My, ludzie, powinniśmy sobie przede wszystkim uświadomić, że za treść swoich uczuć, myśli, słów i czynów sami jesteśmy odpowiedzialni. Może ktoś powie: „To przecież nie ma nic wspólnego z wolnością. Bóg ma nam przecież pomagać i nas wspierać, Bóg ma nas chronić!". Tak też jest. Odwieczny bardzo nas wspiera, pomaga nam i nas chroni. Jednakże gdy tego nie chcemy, gdy odrzucamy Jego dłoń, odwracając się plecami do Jego przykazań i nauk Jezusa z Nazaretu, wtedy dzieje się podobnie jak w rodzinie, w której ojciec do swojej córki lub do swojego syna mówi: „Uważaj! Nie rób tego. To będzie miało konsekwencje", a córka lub syn myślą sobie: „Ach, co też ojciec mówi. Dzisiaj są inne czasy. Zrobię, tak jak mi się podoba". Pomimo napominających słów ojca: „Nie rób tego. To będzie miało konsekwencje", córka lub syn uważają: „Co mi tam, co to znaczy konsekwencje?". Ewentualnie mówią przekornie, prawie rozgniewani: „Najwyżej weźmiemy to na siebie". A co na to odpowiada ojciec? „Nie mogę was spętać moimi upomnieniami. Macie wolność, by tak postępować, ale każde z was poniesie konsekwencje tego, co dla niego z tego działania wyniknie".

Podobnie jest w przypadku Boga, naszego niebiańskiego Ojca. Jeśli człowiek nie chce, chociaż zna przykazania Boże dane poprzez Mojżesza oraz nauki Jezusa z Nazaretu, i myśli sobie: „Co to ma być? Mnie to nie interesuje, teraz są inne czasy, będę postępować po swojemu", to Bóg go do niczego nie zmusi, ani nie będzie go karał, ponieważ człowiek ma wolność i ponieważ Bóg, Odwieczny, dał tę wolność wszystkim istotom i ludziom jako dziedzictwo. Odwieczny Duch, Bóg, i Jego Syn Jezus, Chrystus, jednają, przebaczają i wspierają wtedy, gdy my tego chcemy, gdy kierujemy się do wolnego, wszechobecnego Ducha i staramy się wprowadzać w życie to, co

On nam zaoferował: wyciąg z wiecznego prawa miłości do Boga i do bliźniego – Dziesięć Przykazań Bożych i naukę niebios Jezusa z Nazaretu, a przede wszystkim Kazanie na Górze.

Zadajmy sobie pytanie: przed czym Bóg, Odwieczny, ma nas chronić – czy przed tym, co sami przekornie, idealizując siebie, spowodowaliśmy? Zapytajmy siebie: Gdyby Bóg tak postępował, czy stalibyśmy się z dnia na dzień lepszymi ludźmi? Ludźmi bardziej czujnymi wobec własnego, niewłaściwego zachowania, które doprowadziło nas do nieprzyjemności, i czy staralibyśmy się w przyszłości już tak nie postępować? Czy też w dalszym ciągu robilibyśmy to, na co mamy ochotę?

Trzecie przykazanie Boże

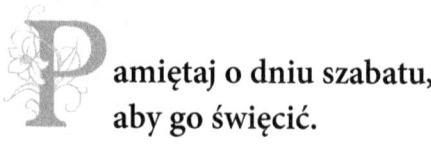**P**amiętaj o dniu szabatu,
aby go święcić.

W dzisiejszych czasach pracownicy muszą dostosować się do warunków danego zakładu, tak że nie można zasadniczo stwierdzić, że siódmy dzień tygodnia ma być dniem odpoczynku. Dla ludzi, którzy na przykład pracują w systemie zmianowym lub w gastronomii, w wielu sytuacjach siódmy dzień tygodnia nie może być dniem odpoczynku.

Żaden człowiek nie jest wykluczony z wiecznego prawa, prawa miłości do Boga i do bliźniego, które zawiera w sobie wolność. Niezależnie od tego, jaki byłby to dzień, my, ludzie, powinniśmy przeznaczyć w nim chociaż kilka minut na refleksję i zastanowienie się nad dniami poprzednimi. Co było w nich dobre, co było mniej dobre albo wręcz złe? Ze wszystkiego możemy coś wyczytać lub zapamiętać coś z rozmów, szczególnie wtedy, gdy odezwie się sfera naszych odczuć, zarówno w sensie pozytywnym, jak też negatywnym. Jest to pomocne wtedy, gdy mamy tak zwane nieswoje uczucie, które skłania nas do tego, by zapytać siebie: „dlaczego".

Słowo „dlaczego" może nam wyjaśnić, o czym ewentualnie w minionych godzinach lub dniach zapomnieliśmy lub co wyparliśmy z pamięci. Moglibyśmy również pomyśleć o tym, że w nas samych tkwi wielka pozytywna siła, którą my, ludzie Zachodu, nazywamy Bogiem i która chciałaby nas wesprzeć.

Gdyby przyszło nam na myśl, żeby udać się ewentualnie do kaplicy lub do kościoła i tam się pomodlić, przeczytajmy, czego nauczał nas, ludzi, Jezus z Nazaretu. Z jednej strony mówił On, że każdy człowiek jest świątynią Boga i że Bóg mieszka w duszy człowieka, z drugiej zaś strony, w odniesieniu do modlitwy, uczył: *„Gdy ty się modlisz, wejdź do izdebki swojej, a zamknąwszy drzwi za sobą, módl się do twojego niebiańskiego*

Ojca, który jest w tym, co ukryte; a ukryty Jedyny, który ma wgląd w to, co jest ukryte, odpłaci tobie jawnie".

Jesteś, jesteśmy, wszyscy ludzie są wolni, by tak się modlić, tak myśleć i tak postępować, jak każdy z nas tego chce. Jednak jednego nie powinniśmy nieopatrznie ignorować – tego, że sami jesteśmy odpowiedzialni za to, co robimy i czego nie robimy, za całe nasze postępowanie.

Czwarte przykazanie Boże

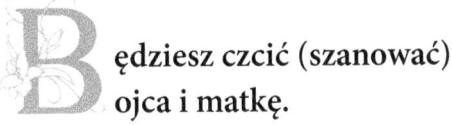 **ędziesz czcić (szanować) ojca i matkę.**

Współcześni ludzie często czczą sami siebie. Ludzie czczą ludzi. Na przykład poważa się tych, którzy wnoszą do społeczeństwa istotne wyniki badań lub zajmują ważne stanowiska w rządzie czy w państwie. W naszych czasach podziwiani i szanowani są także wybitni sportowcy, aktorzy i inni artyści, jak też ludzie, którzy wystawiają na pokaz swój luksus i swoje bogactwo. Również dzieci powinny poważać ojca i matkę. Tak więc okazywanie szacunku jest naszą powinnością.

My, ludzie, jesteśmy przed obliczem Boga równi, jesteśmy braćmi i siostrami, dziećmi jednego Ojca, który jest w niebie, tak jak uczył nas Jezus z Nazaretu, na przykład mówiąc do ludzi nauczających lud w imieniu Odwiecznego:

„Nie powinniście zezwalać na to, by nazywali was rabi, ponieważ jeden jest tylko waszym mistrzem, wy wszyscy natomiast jesteście braćmi. Nie powinniście również nikogo na ziemi nazywać waszym ojcem, ponieważ jeden jest tylko waszym Ojcem, ten, który jest w niebie. (…) Największy z was ma być waszym sługą. Ponieważ ten, kto się wywyższa, będzie poniżony, a kto się poniża, będzie wywyższony".

Obojętnie jakie tytuły zdobywa człowiek i jakimi zaszczytami się ozdabia, w obliczu Boga jest on równy z bliźnim, który nie ma tytułów ani zaszczytów. To samo odnosi się do człowieka, którego dzieckiem, ziemskim synem lub córką, jesteśmy. Słowo Boże jest wiecznym prawem, jest prawdziwym życiem. Powiedziane jest też między innymi: *„Jeden pomaga nieść ciężar drugiemu"*, co oznacza: jeden pomaga drugiemu.

We wszechwiecznym, uniwersalnym prawie równości, wolności i jedności nie jest przewidziane ani oczekiwanie czci dla siebie, ani pozwalanie, by nas czczono. Miłość do Boga i do bliźniego zawiera szacunek wobec bliźniego. My, ludzie, powinniśmy się wzajemnie szanować, a Bogu, wszechobecnemu Duchowi, który jest życiem we wszystkich i we wszystkim, okazywać cześć, szanując Jego stworzenie, do którego należą ludzie, zwierzęta, przyroda, Matka Ziemia. Tylko ten, kto szanuje życie, czci Boga. Kto niszczy życie, gardzi Bogiem.

Piąte przykazanie Boże

**ie będziesz zabijać.**

Piąte przykazanie jest różnie pojmowane, ponieważ instytucjonalne kręgi kościelne zmieniły słowo „zabijać" na słowo „mordować". Według współczesnej interpretacji dozwolone jest na przykład zabijanie na wojnie, natomiast w innych sytuacjach zamierzone zabijanie traktowane jest jako morderstwo. W oparciu o nauki Jezusa z Nazaretu przyjrzyjmy się bliżej słowu „wojna". Zgodnie z wypowiedzią Jezusa: *„kto sięga po miecz, ten od miecza ginie"*.

Jezus z Nazaretu był na wskroś pacyfistą. Nauczał życia w zgodzie. Jezus z Nazaretu był człowiekiem pokoju, niebiańskim Księciem Pokoju. Kto zamienia słowo „zabijać" na słowo „mordować", osłabiając w ten sposób jego znaczenie, ten w gruncie rzeczy jest za wojną i przeciwko nauce

Jezusa z Nazaretu. Przed obliczem Boga, przed niebiańskim Ojcem, którego przybliżył nam Jezus, wszyscy jesteśmy braćmi i siostrami, którzy od Boga, swojego niebiańskiego Ojca, otrzymali wieczne życie. My, ludzie, oddychamy, ponieważ w naszym oddechu płynie życie, które jest wszechmocną siłą. Kto ma prawo, lub kto bierze sobie prawo, do tego, by odbierać oddech swojemu bratu lub swojej siostrze?

Jezus z Nazaretu nauczał, że my, ludzie, nie mamy prawa do tego, by zabijać człowieka. To samo odnosi się do umyślnego zabijania zwierzęcia lub rośliny będącej w okresie wegetacji. Nam, ludziom, przykazano, byśmy szanowali i kochali ziemię ze wszystkim, co się na niej, w niej i ponad nią znajduje, gdyż we wszystkim jest życie, wszechwładny, wolny Duch, który jako jedyny jest życiem we wszystkich i we wszystkim.

Szczególnie współczesna ludzkość jest bardzo oddalona od wiecznej prawdy, którą my na Zachodzie nazywamy Bogiem. Niestety bardzo niewielu myśli o tym, że On jest potężnym Duchem nieskończoności, Stwórcą, którego siła życia panuje wszędzie. Czy są to wszechświaty, potężne słońca i planety, czy też najmniejsze zwierzątko na ziemi – wszystko nosi życie wiecznego Ducha, Stwórcy wszelkich bytów. Kto ma więc prawo do tego, by ingerować w życie, które jest wieczne? Kto dał to życie? Czyją jest ono własnością? Człowiek, zwierzę, cała przyroda mają prawo do życia i to tak długo, aż wypełni się ich ziemskie istnienie. Wszyscy ludzie, wszystkie królestwa przyrody, jako materialny byt, mają więc prawo żyć dopóty, dopóki nie nadejdzie czas, w którym jako duchowe formy odejdą z powrotem na łono wiecznego życia.

Człowiek współczesny nie przywiązuje wagi do prawa siewu i zbioru, czyli do tego, że co zasieje, to zbierze. Przyjrzyjmy się bliżej naszemu światu arogancji i wyzysku człowieka oraz przyrody, a wtedy dostrzeżemy, że niedobry siew, choć jeszcze nie dojrzał, już wschodzi, a więc nadchodzą skutki. Jednak kogo to obchodzi? Jeden zastanawia się nad tym bardziej, drugi mniej, myśląc:

„Sam sobie jestem najbliższy. To mnie nie dotyczy". Jednakże mowa jest tutaj o nas wszystkich, ponieważ wszyscy nosimy w sobie życie i wszyscy mamy również wolność, przez której nadużywanie powstało prawo upadku. „Co człowiek zasieje, to zbierze".

Kto więc świadomie zabija – obojętnie czy na wojnie, czy jako rolnik, leśniczy czy myśliwy – nie ma prawa umyślnie zabijać. Kto umyślnie, a więc z rozmysłem zabija, ten jest przeciwko prawu życia, a zatem i przeciwko Bogu, Stwórcy. Punkt końcowy dla każdego wygląda tak: To, co posiejesz, kiedyś zbierzesz, ponieważ dusza każdego człowieka żyje wiecznie. Pewnego dnia dusza przejdzie w zaświaty i tam będzie musiała znosić to, co człowiek zasiał.

Szóste przykazanie Boże

 ie będziesz cudzołożyć.

Zdrada małżeńska jest nadużyciem wierności i zaufania. Małżeństwo najczęściej zawiera się na podstawie wzajemnego zaufania. Niezależnie od tego, czy to żona, czy też mąż, jeśli któreś nadużyło zaufania partnera, preferując fizycznie inną kobietę lub innego mężczyznę, to złamało obietnicę wzajemnej wierności.

Czas dzisiaj wydaje się płynąć szybciej, szybciej się więc żyje; również w odniesieniu do wierności istnieje w ludzkich wyobrażeniach pozór, że z życia trzeba korzystać. Także to, co dotyczy małżeństwa i partnerstwa, ma związek z szybko płynącym czasem; jednego dnia obiecuje się sobie wierność, a następnego jest zupełnie inaczej.

Podobnie wygląda to w wielu koncernach i firmach. W treści zawieranej umowy o pracę wyrażone jest zaufanie do zakładu. Jednakże gdy w grę wchodzą własne profity lub też mają miejsce machinacje i manipulacje, to częstokroć umowa o pracę staje się tylko makulaturą.

Gdzie tylko okiem sięgnąć, dzisiejsze czasy, dzisiejszy świat uprawiają kult składania ofiary. W wielu przypadkach poświęca się małżeństwo i partnerstwo dla krótkotrwałej miłostki. Nie ma też już znaczenia, czy kobieta ma dziecko, czy nie; ten pozornie szybko przepływający czas wciąż żąda swojej daniny. To, że zdrada jest równa nadużyciu wierności, nadużyciu zaufania, też nie odgrywa żadnej roli; składa się ofiarę z bliźniego, z wiążącego podpisu na umowie. Formy kultu ofiary są różnorodne. Dzisiejsze życie można porównać do gry w kości. Dzisiaj osoba numer jeden jest godna zaufania, jutro warta zaufania lub pożądania staje się osoba numer trzy, pięć, a nawet sześć.

I tak oto niejeden myśli: „Po co te przykazania od Boga, które zostały dane ludziom przed tysiącami lat w tak zwanej epoce kamienia?". Z ręką na sercu: czy w taki sposób lub podobnie nie myśli

dziś wielu młodych ludzi żyjących szybko i prze-
konanych o tym, że właśnie dziś tak szybko żyć
należy, i to na koszt innych, również za cenę cierpienia i bólu tych, którzy zostali opuszczeni i muszą to znosić?

Nawet jeżeli my, ludzie, tak wiele wynaturzeń
uważamy za coś normalnego i już się ich nie
wstydzimy – Bóg, Odwieczny, jest niezmienny.
On jest ten sam, czy to wczoraj, czy dziś, i tak też
będzie jutro. Jego wielkie, kosmiczne prawo jest
absolutne, ono jest teraźniejszością. W szóstym
przykazaniu Bożym powiedziane jest: *„Nie będziesz cudzołożyć”*, a to oznacza między innymi:
„Powinieneś dotrzymywać swoich obietnic” dotyczących szczerej wierności równoznacznej
z poważnym zaufaniem – w każdej sytuacji, czy
to w małżeństwie, w związku partnerskim, czy
też w koncernach, firmach i tym podobnych. Tak
jak człowiek dnia wczorajszego – z epoki kamienia – miał mierzyć swoje myśli i słowa, całokształt
swoich zachowań, według przykazań Bożych, tak
i dziś, w tak zwanych czasach szybkiego postępu

technicznego, który człowiek określa jako czasy oświecenia, obowiązuje go to samo.

Małżeństwo, partnerstwo i obietnica umowna powinny również dzisiaj nosić znamiona uczciwości, otwartości, wierności, prostolinijności i zaufania. Kto poważnie traktuje przykazania Boże i nauki Jezusa z Nazaretu, Chrystusa Bożego, sprzed dwóch tysięcy lat i krok po kroku je wypełnia, ten osiąga głęboki wgląd i szeroką perspektywę i potrafi też rozpoznać, jakiego człowieka ma przed sobą i kogo może obdarzyć zaufaniem. Wyjaśnia to szóste przykazanie Boże: *„Nie będziesz cudzołożyć"*.

Złamanie pozostaje jednak złamaniem. To, co naprawione, nie jest już całością. Dlatego w pierwszej kolejności trzeba sprawdzić siebie samego, zanim dopuścimy się niesprawiedliwości, zanim przyczynimy się do zniweczenia czegoś. Oznacza to, że najpierw powinniśmy się zastanowić, zanim coś zniszczymy, bowiem sklejanie zniszczonego kosztuje często o wiele więcej czasu; ponadto sklejone jest zawsze sklejonym i nigdy nie będzie już całością. To, co się rozpadło, znajduje właściwy oddźwięk, między innymi w prawie siewu i zbioru: „*Co posiejesz, to zbierzesz*".

Siódme przykazanie Boże

ie będziesz kraść.

Słowo „kraść" zwykle dzieli się na dwie kategorie. Pierwsza z nich nazywana jest złodziejstwem, natomiast druga – kradzieżą. Jakże szybko mówi się: „Ale, ale, ja przecież nie kradnę!". Czy my, ludzie, możemy to tak po prostu stwierdzić, skoro wiemy, że wszystko jest energią i również nasz czas jest składnikiem energii?

Kto więc jest złodziejem? Czy tylko ten, kto przywłaszcza sobie pieniądze i wartościowe przedmioty? A może jest nim również i ten, kto okrada bliźniego z czasu, prowadząc z nim na przykład długie, bezowocne dyskusje pełne roztrząsania spraw, ale nigdy nie dochodzące do ich sedna, bądź też ten, który rozwodzi się bez końca w tak zwanym „small talk", albo inny, który od drugiej osoby żąda czegoś, co mógłby sam zrobić, a może też i ten, który kłóci się z drugim, ponieważ chce mieć rację i nie chce przyznać, że ten drugi choć po części ma słuszność.

Strata czasu i jednocześnie energii zdarza się w wielu sytuacjach, w bardzo różnych konfiguracjach, których nie sposób zliczyć. Wszystko to stanowi energetyczną gospodarkę rabunkową, gdyż jeden kradnie drugiemu więcej lub mniej energii. Każdy z nas mógłby z pewnością podać całą gamę przykładów dotyczących tej kwestii, przykładów równoznacznych ze złodziejstwem lub kradzieżą.

Jednakże nie chodzi tu o jeszcze inne przykłady występowania kradzieży, lecz o każdego z nas indywidualnie, o to, by każdy znalazł odpowiedź na pytanie: Kiedy naruszam, kiedy naruszamy przykazanie: *„Nie będziesz kraść"*?

Ósme przykazanie Boże

Nie będziesz dawać fałszywego świadectwa przeciw bliźniemu swemu.

Dawać fałszywe świadectwo oznacza mówić o drugiej osobie nieprawdę lub wygłaszać nieprawdę o sobie i o innych przed wymiarem sprawiedliwości. Również gdy chcemy przypodobać się bliźniemu i utwierdzać go w jego zachowaniu, myśląc jednocześnie o nim inaczej, niż mówimy – to także jest fałsz i naruszanie ósmego przykazania.

Również twierdzenie, że tylko nasz pogląd jest prawdą, należy zaliczyć do tej kategorii. Pogląd oznacza zawsze, że czegoś dokładnie nie wiemy. Nasz pogląd, który postrzegamy jako prawdę, jest najczęściej procesem myślowym widzianym z naszej perspektywy, jest schematem myślowym, czymś, co wymyśliliśmy i co wydaje nam się być logiczne. To deklarujemy wtedy jako nasze zdanie. Ponieważ jednak pogląd jest świadectwem niewiedzy, może być nieprawdziwy. To też można potraktować jako dawanie fałszywego świadectwa.

Dawaniem fałszywego świadectwa może być również plotka, którą rozpowszechniamy w konkretnym celu. Plotkami można obwiniać innych. To również narusza ósme przykazanie.

Nie powinniśmy więc dawać fałszywego świadectwa o naszych bliźnich, lecz częściej skłaniać się do refleksji nad sobą, czy mamy pod kontrolą swoje myśli i słowa, ponieważ to, co od nas wychodzi, jest energią i pewnego dnia do nas powróci – niezależnie od tego, czy mówimy prawdę, czy nieprawdę. Kto jest spragniony wartości moralnych, zanim zacznie prowadzić rozmowy, powinien zadać sobie pytanie: Czy to, co chcę powiedzieć, jest prawdą? Czy też mogłoby to być fałszywym świadectwem przeciw bliźniemu?

Gdybyśmy, zadając sobie nieco trudu, zastanowili się nad ósmym przykazaniem o dawaniu fałszywego świadectwa, jak i nad tym, że wszystko jest energią, również nasze myśli, wtedy my, ludzie, musielibyśmy sobie uświadomić, że każdy z nas jest gwarantem wszystkiego, co od nas wychodzi w formie energii myśli, słów, bądź też czynów. Czy jesteśmy w stanie zagwarantować, że to, co mówimy, odpowiada prawdzie? Dlatego też musimy być sami dla siebie mechanizmem kontrolnym, swoją wagą.

Powinniśmy sobie coraz bardziej uświadamiać, że wszystko jest energią oraz że każda energia, która od nas wychodzi – bez względu na to, czy pozytywna, czy negatywna – do nas powraca. Świadome dawanie fałszywego świadectwa można określić mianem kłamstwa.

Dziewiąte przykazanie Boże

 ie będziesz pożądać żony
bliźniego swego!

Słowo „pożądać" zawiera w sobie żądzę, chęć posiadania, życzenie, by to, czego pożądam, wziąć i postrzegać jako swoją własność. „Moje" i „mnie" – wyrażające chęć przywłaszczenia sobie – można określić jednym słowem: pożądać. Jeżeli zaspokajamy swoją żądzę, to według dziewiątego przykazania żona, czyli kobieta, staje się własnością tego, kto ją poprzez żądzę zdobył. W sensie przenośnym można to ująć następująco: ona, kobieta, staje się niewolnicą tego, kto jej pożądał w sposób zamierzony i świadomy.

To samo można odnieść do mężczyzny czy nawet do dziecka, które jest wykorzystywane na przykład w celu zaspokojenia fizycznego pożądania. Jeżeli mężczyzna pożąda kobiety, kobieta pożąda mężczyzny czy nawet mężczyzna pożąda dziecka, wtedy automatycznie nasuwa się pytanie: w jakim celu? Jak już powiedziano, żądza najczęściej odnosi się do kwestii cielesnych, przez co powstają różnorodne uzależnienia, a więc nowoczesne niewolnictwo. Jeżeli „niewolnica" lub „niewolnik" – czy przymusowo wykorzystane dziecko – przestają już być obiektem zainteresowania, to zwykle po odtrąceniu pojawia się rozgoryczenie, pustka, uczucie odrzucenia, wykorzystania. Dziecko, które zostało pozbawione swojej niewinności, pozostaje często puste, wyjałowione fizycznie i psychicznie. Z tego zdarzenia wynika najczęściej uczucie nienawiści, a czasem nawet chęć zemsty.

A kto pożąda dziecka i je wykorzystuje, dla tego byłoby lepiej, żeby się nie urodził. Drastycznie w tej kwestii wypowiedział się Jezus: *„Kto jedną z tych małych istot, które we Mnie wierzą, nakłania do złego, dla tego byłoby lepiej, gdyby z kamieniem u szyi został zatopiony w morzu"*.

Słowo „pożądać" ma jeszcze inne aspekty, na przykład podstępne werbowanie tak zwanych specjalistów z koncernów i zakładów pracy w celu zdobycia ich „know-how" lub tajemnic firmowych, przy czym w obu przypadkach chodzi o uznanie i pieniądze. Również i to w przenośnym sensie można określić jako handel niewolnikami. W tym miejscu można by przytoczyć wiele innych przykładów. Jedno jest pewne: żądza ma bardzo różne oblicza.

W każdym razie można powiedzieć: kto jest przekupny i wpadnie w pole żądzy, ten stanie się współczesnym niewolnikiem, który poddaje się swojemu kupcowi, i będzie zniewalany tak długo, aż pojmie, na czym polega pierwszy krok do wolności, który oznacza:

Pozostań wierny samemu sobie!

Drugim krokiem byłoby: uważaj na zarzucone sieci. Trzecim: nie dopuść do tego, by cię werbowano – werbuj się sam, zdobywając dobre wykształcenie zawodowe, ponieważ każdy dobry pracownik wart jest swojej zapłaty. Czwarty krok mógłby być następujący: uważaj na pochlebstwa, które są wstępem do pragnienia i żądzy. Zapytaj siebie, co będzie, gdy pociąg pożądania odjedzie. Kim wtedy pozostaniesz? Ewentualnie wypalonym wagonem, który tak naprawdę nie wie, na jakim torze manewrowym się znajduje…

Dziesiąte przykazanie Boże

 ie będziesz pożądać domu
bliźniego swego ani żadnej rzeczy,
która do niego należy.

Dziesiąte przykazanie dane poprzez Mojżesza
możemy głębiej zrozumieć, jeśli przyjrzymy się
ziemi, którą Bóg podarował wszystkim ludziom,
by żywiła Jego ludzkie dzieci.

A co człowiek zrobił z ziemi? Koniec końców
wyspę parceli. Kto odziedziczył lub nabył pieniądze i dobra, ten posiada odpowiednio duży
kawałek ziemi, dużą parcelę, którą określa jako
swoją własność. Inny posiada już tylko mały kawałek z tego podzielonego na części tortu – ziemi. Jeszcze inny wcale nie posiada parceli, jest
robotnikiem pracującym na wyżywienie swojej
rodziny. Z tego żyje on, jego żona i dzieci, raz lepiej, raz gorzej.

Wielki kapitalista, właściciel dużej parceli, za-
trudnia na swojej parceli-wyspie tak zwanych

robotników i pracowników. On sam żyje dostatnio i cieszy się – ostatecznie kosztem pracy innych – tym „moje" i „mnie", które jest jego życiem. Nie musi codziennie jak robotnik czy pracownik zarabiać na chleb, gdyż inni robią to za niego. Robotnicy, pracownicy otrzymują swoją zapłatę, a właściciel gromadzi swój kapitał, który odpowiednio lokuje w celu pomnażania swojej „własności".

Ta coraz większa nierówność może wywoływać zazdrość, nienawiść, żądze i inne tego rodzaju uczucia. Nie da się temu zaprzeczyć, że w naszych czasach bogaci stają się coraz bogatsi, a biedni coraz biedniejsi.

O ile wyraźniej brzmi dzisiaj w naszych uszach dziesiąte przykazanie Boże. Już Jezus z Nazaretu powiedział: „*Prędzej przejdzie wielbłąd przez ucho igielne, niż bogaty trafi do królestwa Bożego*". Tę wypowiedź można odnieść do tych, którzy przyczynili się do rozparcelowania planety Ziemia. Słowa Jezusa obchodzą dzisiaj bogatych jeszcze mniej niż wtedy, kiedy je wypowiadał, dlatego wrażliwość serca i uczynki płynące z miłości do bliźniego są obecnie odważane i mierzone jeszcze dokładniej. Dzisiaj każdy sam jest sobie najbliższy.

Jednakże to, co liczyło się wczoraj, liczy się i dziś. Nikt nie jest w stanie zabrać w zaświaty swoich pieniędzy ani swoich dóbr. Kto był bogatym wcześniej, chce nim być i dziś. Jednak żaden bogacz nie jest w stanie przejść przez tak zwane ucho igielne, ponieważ królestwo niebiańskie jest dla bogatego jeszcze bardzo odległe. Gdzie będzie jego biedna dusza, kiedy bogactwo nie będzie się już liczyło? Prawo siewu i zbioru doprowadzi wszystko do równowagi. Dlatego też nie opłaca się pożądać dóbr i mienia bliźniego. Ziemia jest planetą Boga, a nie dziełem pożądań ludzkiego ja!

Kto świadomie pojmie sens Dziesięciu Przykazań Bożych przekazanych przez Mojżesza, ten rozpozna: bez wypełniania w życiu Słowa pochodzącego od Boga człowiek błądzi każdego dnia; nie wie, kim jest i dlaczego jako człowiek żyje na świecie.

Kazanie na Górze

Jezusa z Nazaretu,
wyjaśnione, sprostowane i pogłębione
przez samego Chrystusa,
objawione przez prorokinię
i ambasadorkę Boga
Gabriele

Spis treści

Wprowadzenie

J ezus z Nazaretu prawie dwa tysiące lat temu darował ludzkości Kazanie na Górze. Istotne części tej nauki możemy znaleźć w Biblii (Mt 5-7). Kazanie na Górze zawiera esencję nauki Jezusa – istotne wypowiedzi dotyczące życia według praw Bożych, wskazówki jak obchodzić się ze współbraćmi, ze zwierzętami i przyrodą. Kto wprowadzi te nauki w czyn w swoim życiu codziennym, bardzo szybko poczuje, jak zmienia się jego życie, jak staje się ono pozytywne i pełne pokoju.

Natomiast w tak zwanym chrześcijańskim świecie zwierzchnicy Kościoła i politycy utrzymują, że ta nauka jest utopią i że nie może być wprowadzona w czyn.

Czy Jezus z Nazaretu był zatem utopistą?

Czy też realistą, który potrafił nam, ludziom, wskazać drogę wyprowadzającą nas z labiryntu naszego ludzkiego ja?

Chrystus, Syn Boży, wędrował po ziemi jako Jezus z Nazaretu. Jego zbawczy Duch żyje i działa w każdym z nas, od kiedy na Golgocie wypowiedziane zostały słowa: „Dokonało się". W ciągu ostatnich dwóch tysięcy lat Chrystus wciąż mówił przez usta prorocze. Również dzisiaj, na tym potężnym przełomie czasów, objawia się poprzez swoją prorokinię. Wyjaśnia i pogłębia swoje nauki, które dał ludziom jako Jezus z Nazaretu. To dokonuje się też w Jego wielkim objawieniu „To jest Moje Słowo. A i Ω. Ewangelia Jezusa. Objawienie Chrystusowe, jakie znają już prawdziwi chrześcijanie na całym świecie".

Niniejsza książka zawiera wyciąg z tego epokowego dzieła, które znacznie przekracza treść Biblii; ono daje nam pełen wgląd w to, co było, co jest i co będzie. W tym objawieniu Chrystus daje ludzkości szczegółowe wskazówki do prawdziwie duchowego, zgodnego z boskimi prawami życia. Tak spełniają się w tym dziele Jego słowa, które wypowiedział jako Jezus z Nazaretu: „Jeszcze wiele mam wam do powiedzenia (…)" (Jan 16,12). Na podstawie istniejącej już ewangelii, pozabiblijnej „Ewangelii Jezusa…", Chrystus w książce „To jest Moje Słowo..." opisuje swoje życie i działanie jako Jezusa z Nazaretu. Pokazuje nam przede wszystkim, jak możemy w obecnych czasach żyć według praw Bożych – według Dziesięciu Przykazań i nauk Kazania na Górze – i pokazuje nam także, co nas czeka w przyszłości w Jego Królestwie Pokoju na ziemi.

Kazanie na Górze dane przez Jezusa zawiera esencję drogi do wnętrza, której Chrystus naucza dzisiaj na wszystkich stopniach i we wszystkich szczegółach poprzez swoje prorocze Słowo. Wewnętrzna Droga jest drogą samorozpoznania i przezwyciężania ludzkich błędów z miłości do Boga.

Kto skutecznie podąża tą ścieżką do ofiarności, równości, wolności i jedności, do braterstwa i sprawiedliwości, ten otrzymuje siłę, aby nauki Kazania na Górze i Dziesięć Przykazań coraz bardziej spełniać w życiu codziennym – również w pracy zawodowej i działalności gospodarczej.

Ta książka może przybliżyć wszystkim szukającym ludziom Kazanie na Górze dane przez

Jezusa – i to nie tylko części zawarte w Biblii, lecz także Jego nauki, z wyjaśnieniami i pogłębieniami, które Chrystus dzisiaj daruje ludzkości poprzez swoje prorocze Słowo. Dodatkowo książka ta daje czytelnikowi wgląd w głębokie znaczenie objawienia, jakim jest dzieło „To jest Moje Słowo. A i Ω. Ewangelia Jezusa. Objawienie Chrystusowe, jakie znają już prawdziwi chrześcijanie na całym świecie".

W tym dziele Chrystus opiera się na książce „Ewangelia Jezusa. Co było 2000 lat temu?". Ponieważ jednak niejedno w tej książce jest przekazane niekompletnie, a niekiedy błędnie, Chrystus dzisiaj ten tekst wyjaśnia i prostuje. Fragmenty, które w swoich wyjaśnieniach Chrystus pomija, oddają w istocie prawdę o Jego, jako Jezusa z Nazaretu, działaniu i życiu. W pozostałym tekście Chrystus pogłębia i rozszerza istotne wypowiedzi z „Ewangelii Jezusa…". Dzięki temu w dziele „To jest Moje Słowo…" dana jest ludzkości cała prawda, wszystkie istotne aspekty życia Jezusa i Jego nauki.

W książce „To jest Moje Słowo..." po jednym lub kilku wersetach „Ewangelii Jezusa..." następują każdorazowo słowa, którymi Chrystus w 1989 roku je wyjaśnił, sprostował i pogłębił. Układ ten został zachowany także przy wydaniu niniejszych fragmentów. Aby tekst był bardziej przejrzysty, poszczególne fragmenty zostały opatrzone tytułami.

Ta książka zawiera także Dwanaście Przykazań Jezusa, które Chrystus ponownie dał ludzkości w swoim objawieniu „To jest Moje Słowo..." (rozdział 46, 7-21). Jest to w zasadzie Dziesięć Przykazań, które Bóg objawił przez Mojżesza i które Jezus z Nazaretu rozszerzył dla swojego powstającego Królestwa Pokoju.

Dla czytelnika, który pragnie urzeczywistnić w swoim życiu nauki Kazania na Górze, ważna będzie również następująca informacja: Po objawieniu pełnej treści swojego Kazania na Górze i po objawieniu drogi do Boga we wnętrzu każdego człowieka Chrystus w 1991 roku objawił nam jeszcze najwyższe Prawo, Prawo

Absolutne, w swoim dziele „Wielkie kosmicz-ne nauki Jezusa z Nazaretu dla Jego apostołów i uczniów, którzy mogli je pojąć. Życie ludzi prawdziwie wypełnionych Bogiem". Jest to pra-wo niebios, dane jako dodatkowa pomoc tym wszystkim, którzy wyruszyli w drogę, aby przez wypełnianie praw Bożych stać się znowu ludź-mi czystego serca.

Bóg dawał i daje. On nie pyta, czy ludzie roz-poznają Jego Słowo, Słowo Boże, i według niego żyją. Każdy może je rozważyć i sam zadecydo-wać. Kto może to pojąć, niech pojmie.

Gabriele-Verlag Das Wort

Błogosławieni są

edy Jezus, widząc lud, wstąpił na górę. A gdy usiadł, przystąpiło do Niego dwunastu. Skierował oczy na uczniów swoich i rzekł:

Błogosławieni w Duchu są ubodzy, albowiem ich jest królestwo niebiańskie. Błogosławieni, którzy cierpią, albowiem oni będą pocieszeni. Błogosławieni cisi, albowiem oni odziedziczą ziemię. Błogosławieni, którzy łakną i pragną sprawiedliwości, albowiem oni będą nasyceni.

Błogosławieni miłosierni, albowiem oni miłosierdzia dostąpią. Błogosławieni czystego serca, albowiem oni Boga oglądać będą. Błogosławieni pokój czyniący, albowiem oni będą nazwani dziećmi Bożymi. Błogosławieni, którzy cierpią prześladowanie z powodu sprawiedliwości, albowiem ich jest królestwo Boże.

Tak, błogosławieni jesteście, gdy was ludzie nienawidzić będą i wytrącać ze swojej wspólnoty, i wszystko zło na was mówić, i imię wasze znieławiać z powodu Syna Człowieczego. Radujcie się tego dnia i skaczcie z radości, gdyż oto wielka będzie

zapłata wasza w niebiosach. Albowiem to samo
czynili ich ojcowie prorokom. (Rozdział 25, 1-4)

Chrystus wyjaśnia, prostuje
i pogłębia słowo:

Kazanie na Górze jest Wewnętrzną Drogą do serca Boga, prowadzącą do doskonałości.

Błogosławieni będą oglądać Chrystusa i ze Mną, z Chrystusem, będą posiadać ziemię we wszelkiej łagodności i pokorze. Szczęśliwy ten, kto we wszystkim widzi wspaniałość Boga Ojca--Matki! On staje się żywym przykładem dla wielu.

Ja prowadzę Moich do rozpoznania prawdy.

Kto jest z prawdy, słyszy Mój głos, gdyż sam jest prawdą i dlatego słyszy i widzi prawdę.

Błogosławieni są bez trwogi i są radośni, gdyż widzą i słyszą to, czego nie widzą i nie słyszą ci, którzy kryją się jeszcze za swoim ludzkim ja i kurczowo się go trzymają, aby nikt ich nie rozpoznał.

Jednak błogosławieni mają wgląd w więzienie ludzkiego ja i rozpoznają najbardziej skryte myśli swoich współbraci. Siłą swojej światłej świadomości oświetlają te myśli i wołają do współbraci:

„Błogosławieni w Duchu są ubodzy, albowiem ich jest królestwo niebiańskie!"

Słowo „ubodzy" nie określa materialnego ubóstwa. To nie ono przynosi stan błogosławiony w Duchu, ale pokora w Bogu, w której człowiek spełnia to, co jest wolą Bożą. Ona jest wewnętrznym bogactwem.

Słowo „ubodzy" dotyczy tych wszystkich, którzy nie dążą do własnych posiadłości i nie gromadzą dóbr. Ich dążenia i starania skierowane są na życie we wspólnocie, w której w sposób zgodny z Prawem gospodarują dobrami darowanymi wszystkim przez Boga. Nie pragną i nie pożądają tego, co jest z tego świata. Służą dobru ogółu, wznoszą swoje ramiona do Boga i kroczą świadomie drogą do Wewnętrznego Życia. Ich celem jest królestwo Boże w ich wnętrzu, które chcą głosić i przynieść wszystkim ludziom dobrej woli. Ich wewnętrznym bogactwem jest życie w Bogu, dla Boga i dla bliźnich. Żyją zgodnie z prawem „Módl się i pracuj".

Podążają do Ducha Bożego i otrzymują od Boga dla swojego ziemskiego życia to, czego im potrzeba, i ponadto. Ci są błogosławieni w Duchu Bożym.

„Błogosławieni, którzy cierpią, albowiem oni będą pocieszeni".

Cierpienie człowieka nie jest dane przez Boga, lecz cierpiący albo sam je spowodował, albo jego dusza w krainie dusz objęła część winy braterskiej lub siostrzanej duszy, by odcierpieć za nią coś w życiu ziemskim, tak żeby braterska lub siostrzana dusza mogła wejść w wyższe obszary Wewnętrznego Życia.

Boże miłosierdzie przypadnie w udziale temu, kto znosi swoje cierpienie, nie obwiniając bliźniego, i w cierpieniu rozpoznaje swoje błędy i słabości, żałuje za nie, prosi o przebaczenie i przebacza. Bóg, Odwieczny, chce bowiem pocieszyć swoje dzieci i odebrać im to, co nie jest dobre i zbawienne dla ich duszy. Kiedy bowiem cierpienie opuszcza duszę, a więc przyczyny, które w duszy zadziałały, zostają zmazane, człowiek zbliża się do Boga.

„Znoś swoje cierpienie" oznacza: Nie skarż się. Nie oskarżaj Boga ani bliźnich. Znajdź w cierpieniu swoje grzeszne postępowanie, które do tego cierpienia doprowadziło.

Pożałuj, przebacz i proś o przebaczenie, i nie rób więcej tego, co rozpoznałeś jako grzech. Wtedy wina duszy może być przez Boga zmazana, a ty otrzymasz od Niego więcej siły, miłości i mądrości.

Jeśli spotkasz człowieka obarczonego i doświadczonego cierpieniem i on poprosi cię o pomoc, to wspieraj go i pomagaj mu, jeśli jest to dla ciebie możliwe i dobre dla jego duszy. A jeśli rozpoznasz, że twój bliźni z wdzięcznością przyjmuje pomoc i jest nią podbudowany, to daj mu jeszcze więcej, o ile masz taką możliwość.

Ale ty, który tę pomoc niesiesz, rób to bezinteresownie. Jeśli robisz to tylko z zewnętrznego zobowiązania, nie otrzymasz za to duchowego wynagrodzenia – i nie zrobisz też niczego dobrego dla duszy obarczonego i doświadczonego cierpieniem, a tylko dla jego ciała, pojazdu duszy.

„Błogosławieni cisi, albowiem oni odziedziczą ziemię".

Łagodność, pokora, miłość i dobroć działają ręka w rękę. Kto stał się ofiarną miłością, ten jest łagodny, pokorny i dobry. Jest wypełniony mądrością i siłą.

Ludzie w Moim Duchu, ofiarnie kochający, będą posiadać ziemię. Zrozumcie, droga do serca Boga jest drogą do serca ofiarnej miłości. Z ofiarnej miłości płynie pokój Boży.

Ludzie, którzy wędrują do serca Boga i którzy już w Bogu żyją, działają dla Nowego Czasu, wskazując wszystkim chętnym drogę do Boga. Dzięki temu coraz bardziej biorą królestwo ziemi w posiadanie w Moim Duchu.

„Błogosławieni, którzy łakną i pragną sprawiedliwości, albowiem oni będą nasyceni".

Ten, kto łaknie i pragnie sprawiedliwości Bożej, jest poszukiwaczem prawdy tęskniącym za życiem w Bogu i z Bogiem. On będzie nasycony.

Mój bracie, Moja siostro, wy, którzy tęsknicie za sprawiedliwością, za życiem w Bogu i z Bogiem, bądźcie ufni i wznieście się ponad grzeszne ludzkie ja! Cieszcie się, gdyż nastał czas, w którym królestwo Boże zbliża się do ludzi starających się przestrzegać przykazań życia.

Oto Ja, twój Zbawiciel, Jestem prawdą w tobie. W tobie Ja Jestem drogą, prawdą i życiem.

Prawda to Prawo miłości i życia. W Dziesięciu Przykazaniach, które są wyciągiem z wszechobejmującego Prawa Boga, znajdziecie wytyczne na drogę do prawdy. Przestrzegajcie Dziesięciu Przykazań, a wejdziecie coraz bardziej na drogę nauk Kazania na Górze, w których droga do prawdy jest przedstawiona od podstaw.

Droga do prawdy jest drogą do serca Boga, do odwiecznego życia, które jest ofiarną miłością. Kazanie na Górze jest drogą do królestwa Bożego, wprowadzającą w prawa Królestwa Pokoju Jezusa Chrystusa. Jeśli się w nie zagłębicie i je spełnicie, osiągniecie boską mądrość.

Rozpoznajcie: Żaden z was nie będzie na próżno łaknął lub pragnął sprawiedliwości. Zrób pierwszy krok do królestwa miłości, będąc najpierw sprawiedliwym dla siebie. Ćwicz się w pozytywnym życiu i myśleniu, a stopniowo staniesz się sprawiedliwym człowiekiem. Wtedy wniesiesz sprawiedliwość Boga w ten świat i będziesz ją też reprezentować, gdyż spełniasz wolę Boga, Pana, z Jego miłości i mądrości.

Rozpoznaj: Nadchodzi czas, w którym dokona się to, co jest objawione. Lew będzie leżał przy jagnięciu, gdyż ludzie odniosą zwycięstwo nad sobą – przeze Mnie, swojego Zbawiciela. Będą tworzyć jedną wielką rodzinę w Bogu i żyć w jedności ze wszystkimi zwierzętami i z całą przyrodą.

Cieszcie się, królestwo Boże jest już blisko – a z królestwem Bożym i Ja, wasz Zbawiciel i nosiciel pokoju, władca Królestwa Pokoju, królestwa Jezusa Chrystusa na całym świecie.

„Błogosławieni miłosierni, albowiem oni miłosierdzia dostąpią".

Miłosierdzie Boże odpowiada łagodności i dobroci Boga i tworzy dla wszystkich dusz bramę do doskonałości życia. Ludzie, którzy przeze Mnie, Chrystusa żyjącego w Bogu Ojcu-Matce, rozwinęli w swoich duszach wszystkie siedem podstawowych sił życia – Prawo od Porządku do Miłosierdzia – wejdą znowu jako czyste isto-ty duchowe przez bramę Miłosierdzia do ofiar-nej miłości, do królestwa Bożego, w niebiosa, i będą żyć w pokoju. Bramą do odwiecznego bytu jest siódma podstawowa siła, Miłosierdzie – w Duchu Bożym zwana Dobrocią i Łagodnością. Wszyscy ludzie, którzy ćwiczą się w miłosier-dziu, osiągną też miłosierdzie i będą pomagali tym, którzy znajdują się na drodze do niego.

Rozpoznajcie: Droga do serca Boga jest dro-gą jednostki we wspólnocie z tymi, którzy dążą do tego samego celu. Bóg jest bowiem jedno-ścią, a jedność w Bogu jest wspólnotą w Bogu, z Bogiem i z bliźnim.

Ten, kto postawił pierwsze kroki na drodze do doskonałości, będzie spełniał przykazanie jedno-ści: Jeden dla wszystkich, Chrystus, i wszyscy dla Jednego, dla Chrystusa.

Jak już zostało objawione, Kazanie na Górze jest drogą ewolucji prowadzącą do Wewnętrznego Życia. Wszyscy, którzy na tej drodze rozwoju do serca Boga posunęli się już naprzód, pomagają tym, którzy znajdują się dopiero na początku drogi. We wszystkich i ponad wszystkimi promieniuje Chrystus, którym Ja Jestem.

„Błogosławieni czystego serca, albowiem oni Boga oglądać będą".

Czystym sercem jest czysta dusza, która przeze Mnie, Chrystusa w Bogu Ojcu-Matce, wzniosła się znowu do stanu absolutnej istoty duchowej.

Czyste dusze, które ponownie stały się istotami niebios, są znowu podobieństwem odwiecznego Ojca i oglądają Odwiecznego twarzą w twarz. One jednocześnie widzą i słyszą Prawo wiecznego Ojca oraz według niego żyją, gdyż stały się znowu duchem z Jego Ducha – samym odwiecznym Prawem.

Dopóki ludzie i dusze próbują na siłę usłyszeć w sobie Ducha Bożego, nie są jeszcze duchem z Jego Ducha, nie są jeszcze samym Prawem miłości i życia.

Natomiast ten, kto stał się znowu Prawem miłości i życia, ogląda odwiecznego Ojca twarzą w twarz i jest z Nim w ciągłej, świadomej komunikacji. On widzi również Prawo Boże, życie z Boga, jako całość, gdyż sam jest życiem i miłością i w nich się porusza. Kto porusza się w Prawie Absolutnym Boga, ten rozwinął je całkowicie – od Porządku aż do Miłosierdzia. Wszystkie siedem podstawowych sił nieskończoności służy mu, gdyż jest on w absolutnej jedności i harmonii z wszelkim bytem.

„Błogosławieni pokój czyniący, albowiem oni będą nazwani dziećmi Bożymi".

Sens tych słów jest następujący: Błogosławieni ci, którzy zachowują pokój. Oni przyniosą też prawdziwy pokój na ziemię, gdyż sami w sobie stali się gotowi do pokoju. Są oni świadomie dziećmi Boga.

„Błogosławieni, którzy cierpią prześladowanie dla sprawiedliwości, albowiem ich jest królestwo Boże".

Rozpoznajcie: Ten, kto szedł w Moje ślady, nie był poważany przez ludzi skierowanych na ten świat, gdyż i Ja jako Jezus byłem przez nich znieważany. We wszystkich czasach ludzie, którzy naprawdę szli w ślady Nazareńczyka, musieli wiele znieść i przecierpieć.

Biada wam

Biada wam bogacze! Albowiem w tym życiu otrzymaliście pociechę. Biada wam, którzy jesteście nasyceni, albowiem głód cierpieć będziecie. Biada wam, którzy się teraz śmiejecie, albowiem będziecie smucić się i płakać. Biada wam, gdy wszyscy ludzie dobrze o was mówią, tak samo bowiem czynili ich ojcowie fałszywym prorokom. (Rozdział 25, 5)

Chrystus wyjaśnia, prostuje
i pogłębia słowo:

„Biada wam bogacze! Albowiem w tym życiu otrzymaliście pociechę".

Ludzie, którzy uważają swoje bogactwo za swoją własność, są biedni w Duchu. Wielu ludziom posiadającym ziemskie dobra zostało włożone do kołyski zadanie ich ziemskiego życia, aby byli wzorem dla tych bogaczy, którzy twardym, nieugiętym sercem przywiązują się do swoich posiadłości i których jedynym dążeniem i staraniem jest powiększenie tego bogactwa dla siebie. Człowiek, który posiada ziemskie dobra i rozpoznaje, że jego bogactwo jest darem otrzymanym od Boga jedynie po to, aby je wniósł dla dobra wszystkich w wielką całość i gospodarował nim dla wszystkich w sposób zgodny z Prawem, urzeczywistnia Prawo równości, wolności, jedności i braterstwa. Jako ofiarnie darujący człowiek przyczynia się do tego, że ubodzy nie żyją w nędzy, a bogacze – w przepychu.

W ten sposób powstanie powoli równowaga, stan średni na wyższym poziomie dla wszystkich, którzy są gotowi bezinteresownie spełniać prawo „Módl się i pracuj". Tak wzrasta stopniowo prawdziwe człowieczeństwo we wspólnocie, w której ziemskie bogactwa nie są gromadzone przez jedną osobę, lecz wszystko uważane jest za wspólną własność daną od Boga.

Jeśli bogacz uważa pieniądze i dobra za swoją własność i ma w świecie uznanie ze względu na swoje bogactwo, to – wskutek stworzonych przez siebie przyczyn – będzie w kolejnych wcieleniach żył w biednych krajach i tam żebrał o chleb, którego niegdyś, będąc bogaczem, odmawiał ubogim. Tak będzie, dopóki tego rodzaju wcielenia będą jeszcze możliwe.

Dusza takiego bogacza nie zazna spokoju nawet w obszarach oczyszczania. Ubogie w światło dusze, które z jego powodu musiały w szacie ziemskiej cierpieć i głodować, rozpoznają go jako tego, który nie dał im możliwości wydobycia się z zawikłań ich ludzkiego ja. Wielu będzie go oskarżać, a wtedy jego dusza sama poczuje, jak oni cierpieli i głodowali. W ten sposób dusza, która w szacie ziemskiej była jako człowiek bogata i poważana, będzie cierpiała wielką udrękę – dużo większą od tej, której doznałaby, gdyby w szacie ziemskiej musiała żebrać o chleb.

Rozpoznajcie: Zgodnie z prawami Odwiecznego każdemu, kto bezinteresownie przestrzega przykazania „Módl się i pracuj", należy się to samo; Bóg bowiem daje każdemu to, czego mu potrzeba, i ponadto. Dopóki jednak nie wszyscy ludzie przestrzegają tego przykazania, będą istnieć na ziemi tak zwani bogacze. Ich zadaniem jest rozdawanie nagromadzonych bogactw i życie tak samo jak ci, którzy ofiarnie spełniają przykazanie „Módl się i pracuj". Jeśli więc nie będą myśleli o swoim dobrobycie, lecz o dobrobycie wszystkich, to wewnętrzne bogactwo pokaże się stopniowo na zewnątrz i nikt nie dozna głodu ani biedy.

Biada wam, bogacze, którzy swoje pieniądze i dobra nazywacie swoją własnością i wykorzystujecie pracę bliźniego, aby pomnażać swój majątek! Powiadam wam: Nie ujrzycie tronu Boga, lecz będziecie żyć dalej tam, gdzie są stopy Boga, na ziemi, wciąż na nowo w szatach ziemskich – dopóki to jeszcze będzie możliwe. Nawet jeśli wspieracie instytucje społeczne, ale sami macie jeszcze o wiele więcej niż ci, którzy dostają z nich zapomogi, to i tak nadal jesteście poddani szatanowi zmysłów, który chce podziału na biednych i bogatych.

Te różnice stwarzają władzę i służalczość, zazdrość i zawiść. Z tego powstają spory i wojny. Dlatego ci, którzy zatrzymują swoje bogactwo, mimo że od czasu do czasu udzielają się społecznie, służą szatanowi zmysłów i wykraczają przeciwko Prawu życia – przeciwko równości, wolności, jedności i braterstwu.

Ten, kto uważa pieniądze i dobra za swoją własność i gromadzi je, zamiast popierać przepływ tych materialnych energii, jest według Prawa życia złodziejem, ponieważ nie udziela bliźniemu części jego duchowego dziedzictwa. Wszystko jest bowiem energią. Kto związuje się pojęciami „moje" i „dla mnie", ten wykracza przeciwko Prawu, które jest płynącą energią.

„Biada wam, którzy jesteście nasyceni, albowiem głód cierpieć będziecie".

Bogaty, syty człowiek, który napełnia tylko „swoje" stodoły, ma puste serce. Zna on tylko „moje" i „twoje". „Moja" własność, „moja" posiadłość, „mój" chleb, „moje" jedzenie – wokół tego krążą jego starania i myśli. „Wszystko należy do mnie" – to jest jego świat. Taki człowiek dozna kiedyś głodu i biedy, aż zrozumie, że wszystko jest bytem, że wszystko należy do Boga i do wszystkich ludzi starających się czynić dzieła Boże, to jest spełniać ofiarną miłość i prawo życia dane ziemi – prawo „Módl się i pracuj".

Ludzie, którzy mówią tylko o „moim" i „twoim", są ludźmi ubogimi w światło i już w tym wcieleniu przygotowują dla siebie kolejną ziemską drogę lub też długą wędrówkę swojej duszy w krainie dusz, za każdym razem w szacie żebraka.

Dusza zaślepiona tym, co materialne, nieświadomie pragnie światła, gdyż jest w światło uboga. Za wszelką cenę stara się to wyrównać przez zewnętrzne środki, takie jak ziemskie bogactwo, chciwość, obżarstwo, pijaństwo lub inne żądze i przyjemności. Jest nienasycona.

„Biada wam, którzy się teraz śmiejecie, albowiem będziecie smucić się i płakać".

Ten, kto wyśmiewa bliźnich i z nich szydzi, będzie kiedyś bardzo smutny i będzie nad sobą płakał, ponieważ nie docenił tych, których wyśmiewał i z których szydził. Będzie musiał rozpoznać, że tak naprawdę wyśmiewał siebie, szydził i kpił z siebie, gdyż kto sądzi i potępia bliźniego, wyśmiewa go, szydzi z niego i kpi, ten sądzi, potępia i wyśmiewa Mnie, Chrystusa, i ze Mnie, Chrystusa, szydzi i kpi.

Rozpoznajcie: Kto zgrzeszy przeciwko najmniejszemu z Moich braci, ten zgrzeszy przeciwko Prawu życia i będzie musiał za to cierpieć. Jednocześnie zwiąże się z tymi, których znieważał. Dlatego wystrzegajcie się tego i ćwiczcie się w samokontroli. Nie to, co wchodzi w usta, zanieczyszcza waszą duszę, lecz to, co z waszych ust wychodzi; to obciąża duszę i człowieka.

„Biada wam, gdy wszyscy ludzie dobrze o was mówią, tak samo bowiem czynili ich ojcowie fałszywym prorokom".
Kiedy schlebiacie współbraciom, aby was chwalili i darzyli uznaniem, to jesteście równi fałszerzom pieniędzy, którzy dla swojej korzyści płacą fałszywą monetą.

Podobnie przedstawiała się i przedstawia sprawa z fałszywymi prorokami. Byli oni i są przez lud poważani, gdyż schlebiali mu, a ci, którzy są przez lud poważani, trzymają jego stronę, obiecując sobie z tego osobiste korzyści i przywileje.

Ludzie w Królestwie Pokoju, rozpoznajcie: W tym grzesznym świecie wielu prawych proroków, a także oświeconych mężczyzn i kobiet, było zniesławianych i prześladowanych przez ziemskich bogaczy i władców tego świata, przez zwierzchników kościelnych i ich zwolenników i wielu z nich poddawano torturom i zabijano. We wszystkich czasach szatańskie siły posługiwały się jako narzędziami tymi ludźmi, którzy chcieli zatrzymać dla siebie swoje ziemskie bogactwo i pomnażać je i którzy dążyli do władzy. Posługiwały się też tymi, którzy byli posłuszni bogaczom i rządzącym.

Musicie o tym wiedzieć, żeby zrozumieć, dlaczego stary, grzeszny świat zginął w okrutny sposób.

Fałszywymi prorokami byli między innymi również i ci, którzy wprawdzie głosili ewangelię miłości, lecz sami według niej nie żyli. I byli nimi też wszyscy ci, którzy nazywali siebie „chrześcijanami", ale w swoim życiu nie postępowali po chrześcijańsku. Sławiono ich często za krasomówstwo, czczono i chwalono z powodu bogactwa i znaczenia.

Zrozumcie, mimo to wszyscy prawi prorocy i oświeceni przyczynili się z biegiem czasu do tego, że kryształ Wewnętrznego Życia, ze swoimi wieloma fasetami odwiecznej prawdy, coraz bardziej błyszczał i promieniował. W ten sposób wzrastało powoli królestwo Boże na ziemi.

Drodzy bracia i drogie siostry w Królestwie Pokoju, waszym zadaniem jest teraz ten doskonały, błyszczący i promieniujący kryształ – Wewnętrzne Życie – pielęgnować, cenić, chronić i zachowywać jak bezcenny kwiat: jest to Prawo miłości i mądrości Bożej, Jego Porządek, Jego Wola, Jego Mądrość, Jego Powaga, Jego Dobroć, Jego bezgraniczne promieniowanie Miłości i Jego Łagodność.

Wy jesteście solą ziemi

y jesteście solą ziemi, gdyż każda ofiara musi być osolona. Jeśli jednak sól zwietrzeje, czymże solić? Na nic się już więcej nie przyda, tylko aby była precz wyrzucona i rozdeptana. (Rozdział 25, 6)

Chrystus wyjaśnia, prostuje
i pogłębia słowo:

Sprawiedliwi są solą ziemi.

Będą oni stale zwracać uwagę na błędy tego świata i wkładać palec w ranę grzechu. Wiele bowiem nieszczęść zdarzało się i zdarza w tym jeszcze grzesznym świecie i wielu ludzi padło ofiarą w obronie ewangelii.

Sprawiedliwi, którzy padli ofiarą, mają być zrehabilitowani przez prawych mężczyzn i prawe kobiety, gdyż wszystko ma wyjść na jaw dzięki tym, którzy są solą ziemi. Teraz, na przełomie starego, grzesznego świata i Nowego Czasu, czasu świetlistego, sprawiedliwi wydobędą krzywdę na jaw i stanie się ona widoczna, aby ci, którzy krzywdę uczynili, sami się rozpoznali i zawrócili.

Wystrzegajcie się jednak i wy, sprawiedliwi, którzy jesteście solą ziemi, aby sól nie zwietrzała, żebyście więc wytrwali w sprawiedliwości i nie pozwolili się zwieść. Kto bowiem ma przynieść sprawiedliwość na ten świat i kto ma ujawnić zło i grzechy popełnione przez ludzi? Przecież tylko ci, którzy znają Moje imię i którzy zapisani są w księdze Baranka.

Kto nie jest już solą ziemi, dostaje się pomiędzy tych, którzy nadużywali i nadużywają Mojego imienia dla swoich celów i prześladowali, zniesławiali i zabijali sprawiedliwych.

Kiedy sól ziemi zwietrzeje i człowiek znieważy bliźnich, to ulegnie swoim przyczynom; mówiąc obrazowo – sam się zdepcze. Jego nieoczyszczone przyczyny wywołają wtedy chorobę, ułomność i cierpienie. Uboga w światło dusza będzie cierpiała niedostatek i odczuje na swoim własnym duchowym ciele to, co spowodowała u bliźniego.

Wy jesteście światłem tego świata

W y jesteście światłością świata. Nie może się ukryć miasto na górze zbudowane. Nie zapalają też świecy i nie stawiają jej pod korcem, lecz na świeczniku, by świeciła wszystkim, którzy są w domu. Tak niechaj świeci wasza światłość przed ludźmi, aby widzieli wasze dobre uczynki i chwalili waszego Ojca w niebie. (Rozdział 25, 7)

Chrystus wyjaśnia, prostuje
i pogłębia słowo:

Ja Jestem światłem świata.

Na potężnym przełomie czasów coraz więcej serc zapłonęło Moim światłem. Ludzie rozpoznawali w Moim Słowie odwieczną prawdę. Coraz więcej ludzi kroczyło Wewnętrzną Drogą i przyjmowało dar życia, nauki i lekcje z odwiecznej mądrości, aby zbliżyć się do Boga, do odwiecznego bytu.

Wielu mężczyzn i wiele kobiet stało się Moimi wiernymi, gdyż spełniali oni wolę Bożą. Łączyli się w braterstwie w Moim Duchu i byli pionierami Nowego Czasu, którzy położyli fundament królestwa Bożego na ziemi i zaczęli na nim budować.

Idźcie za mną

ie sądźcie, że przyszedłem znieść Prawo albo proroków; nie przyszedłem znieść, ale wypełnić. Bo, zaprawdę, powiadam wam: Dopóki nie przeminą niebiosa i ziemia, nawet najmniejsza litera ani choćby jedna kreska nie przeminą z Prawa i z proroków, aż wszystko będzie wypełnione. Ale oto tu większy jest niż Mojżesz i ten da wam wyższe Prawo, nawet doskonałe Prawo, i temu Prawu będziecie posłuszni. (Rozdział 25, 8)

Chrystus wyjaśnia, prostuje
i pogłębia słowo:

Jako Jezus z Nazaretu uczyłem niektórych aspektów doskonałego Prawa, Prawa Absolutnego, idących w Moje ślady mężczyzn i kobiety oraz tych wszystkich, którzy Mnie słuchali. Wyjaśniłem im także, że absolutne Prawo miłości promieniuje w prawo siewu i zbioru, gdyż Duch jest wszechobecny i działa również w prawie siewu i zbioru, w prawie upadku.

Przeze Mnie, Jezusa z Nazaretu, wcielonego Chrystusa, i przez wszystkich kolejnych prawdziwych proroków Bożych Odwieczny pouczał i upominał swoje dzieci w niedoskonałych obszarach o tym, że prawo upadku, prawo siewu i zbioru, jest bezustannie aktywne. Kto się nie zastanowi i w porę nie zawróci, ten będzie musiał odcierpieć skutki stworzonych przez siebie przyczyn. Odwieczny dążył i dąży również dzisiaj [1989] do tego, by sprowadzić swoje ludzkie dzieci i wszystkie dusze do swojego serca, do Prawa odwiecznej miłości, zanim spadną na nie żniwa – skutki stworzonych przez nie przyczyn. Odwieczny prowadził je i prowadzi do samorozpoznania przeze Mnie, Chrystusa. Dawał im i daje siłę do oczyszczenia tego, co rozpoznali i rozpoznają jako grzech i błąd.

Chrystus, którym Ja Jestem, przyszedł w Jezusie z Nazaretu na ziemię, na ten świat, by jako Syn Człowieczy uczyć ludzi odwiecznego Prawa i swoim życiem dawać im przykład, żeby rozpoznali drogę do odwiecznego Ojca i spełnili Jego

Prawo, tak aby mogli znowu wejść do wiecznych mieszkań, które On przygotował dla wszystkich swoich dzieci.

Ludzie, którzy podczas Mojej ziemskiej wędrówki szli w Moje ślady i spełniali odwieczne prawa, byli Moimi prawdziwymi następcami.

W kolejnych pokoleniach nastało chrześcijaństwo oraz pozorne chrześcijaństwo: prawdziwi następcy, którzy dobrowolnie szli za Mną, za Chrystusem, przestrzegając nauk Kazania na Górze, oraz pozorni chrześcijanie, którzy tylko mówili o Mnie, o Chrystusie, a mimo to wykraczali przeciw prawom. Poza tym istniało też wymuszone chrześcijaństwo, które było wynikiem przeprowadzanej przez Kościół przymusowej chrystianizacji mas.

Rozpoznajcie: W odwiecznym Prawie nie ma przymusu. Bóg, Odwieczny, dał wszystkim swoim dzieciom wolną wolę. Kto dobrowolnie podejmuje decyzję, ten osiąga dzięki temu siłę do tego, co cechuje prawdziwe chrześcijaństwo – do równości, wolności, jedności, braterstwa i sprawiedliwości. Wszelkie przymusy pochodzą z prawa siewu i zbioru, zwanego też prawem upadku. Człowiekowi dana jest wolność wyboru własnej duchowej drogi. Ja, Chrystus, ofiarowałem i ofiaruję drogę do serca Boga, ale nie zmuszam żadnego człowieka do pójścia tą drogą. Kto zmusza bliźniego, sam żyje pod przymusem prawa upadku i jest uosobieniem myśli upadku.

Niejedno z tak zwanych chrześcijańskich wyznań zmusza swoich wiernych do chrztu wodą. Już małe dzieci, których wolna wola nie jest jeszcze rozwinięta i które z tego powodu nie mogą jeszcze same podjąć decyzji, zmuszane są przez chrzest wodą do członkostwa w jakimś Kościele, a tym samym również do brania udziału w pozostałych jego rytuałach.

To jest wkraczanie w wolną wolę jednostki, równoznaczne z przymusową chrystianizacją. Tak dzieje się w prawie upadku.

Ludziom, którzy Mnie, Chrystusa, nie przyjęli dobrowolnie, z głębokiego wewnętrznego przekonania, jest często bardzo trudno poprawnie zrozumieć i przyjąć Dziesięć Przykazań, wyciąg z odwiecznego Prawa, gdyż zostały one zepchnięte na dalszy plan przez pozbawienie ich wewnętrznych treści i przez wiele dogmatycznych form, rytuałów, obyczajów i kultów. W Kościołach te zewnętrzne formy wysunęły się na pierwszy plan; z wewnętrznym chrześcijaństwem, z Wewnętrzną Religią, nie mają one jednak nic wspólnego; pochodzą one częściowo bezpośrednio z czasów wielobóstwa i bałwochwalstwa, a tym samym z obszarów upadku.

Dopiero kiedy ludzie dobrowolnie odstąpią od narzuconych im dogmatów i skostniałych form, od rytuałów i kultów oraz od swoich własnych wyobrażeń o Bogu, będą mogli być stopniowo prowadzeni do swojego wnętrza, do swojej prawdziwej istoty. Tam, w swoim wewnętrznym bycie, odnajdą się wtedy jako prawdziwe istoty w Bogu i jako mieszkańcy królestwa Bożego, które jest we wnętrzu każdego człowieka. To Wewnętrzne Życie jest prawdziwą religią, Wewnętrzną Religią.

Rozpoznajcie: Odwieczne, wszechobejmujące, uniwersalne Prawo, prawo niebios, jest niezłomne. Jest to prawo wszelkiego czystego bytu. Przez upadek powstało prawo siewu i zbioru i może być ono rozwiązane jedynie przez urzeczywistnienie odwiecznych praw. Nie da się go ominąć. Prawo siewu i zbioru działa w każdej duszy tak długo, aż grzechy zostaną rozpoznane, naprawione, zadośćuczynione i przekazane Mnie, Chrystusowi Bożemu. Wtedy prawo upadku jest w duszy zniesione, a dusza w znacznym stopniu uwolniona od swoich obciążeń. Staje się ona na nowo czystą istotą w Bogu, która żyje zgodnie z Prawem Absolutnym, gdyż podąża znowu do absolutnego, wszechwładnego Prawa miłości i życia.

Prawo siewu i zbioru będzie obowiązywało tak długo, aż wszystko, co sprzeczne z Prawem, zostanie oczyszczone i przekształcone w pozytywną energię i aż każda istota będzie znowu żyła w Bogu, z którego się wywodzi. W miarę jak wszystkie istoty z Boga będą wchodzić w serce Boga, w Prawo Absolutne, wszystkie obszary oczyszczania – wszystkie częściowo materialne i materialne obszary, łącznie z ziemią – będą przekształcać się w kosmiczną energię i znowu będą wibrować w Prawie Absolutnym. Wtedy prawo upadku będzie zniesione i miłość Boga będzie istniała świadomie i wszechwładnie w każdej istocie, we wszelkim bycie.

Ani jedna „kreska" nie będzie usunięta z odwiecznego Prawa, które przynieśli przede Mną i po Mnie prawdziwi prorocy i którego Ja jako Jezus z Nazaretu nauczałem przykładem Mojego życia.

Słowa *„nawet najmniejsza litera"* dotyczą pojedynczego aspektu odwiecznej prawdy, a nie litery i ludzkiego słowa. Ludzkie słowa są często tylko symbolami, które zakrywają to, co jest w głębi wnętrza. Dopiero gdy człowiek zdoła wczuć się w mowę symboliczną, rozpozna prawdę i sens życia ukryte głęboko w ludzkich słowach.

„Wyższe Prawo" jest krokiem ku doskonałemu Prawu. Tego Prawa nauczane są w obszarach przygotowawczych znajdujących się przed bramami niebios oczyszczone już w znacznym

stopniu istoty, które przychodzą z ziemi i z krain dusz. Wyższe Prawo jest ostatnim stopniem nauczania przed bramami niebios. Ono pokazuje tym istotom, w jaki sposób zgodne z Prawem promieniowanie może być znowu uaktywnione w duchowym ciele, aby można je było zastosować w nieskończoności.

Jako Jezus z Nazaretu uczyłem niektórych aspektów doskonałego Prawa, Prawa Absolutnego. Jednak całkowita prawda musiała pozostać zakryta dla ówczesnych ludzi, gdyż byli oni jeszcze za bardzo przywiązani do wielobóstwa i zorientowani na różne religijne kierunki tamtego czasu. Dlatego powiedziałem, że kiedy nadejdzie czas, Ja, Duch Prawdy, wprowadzę was w całą prawdę.

Na Golgocie – nazwa ta oznacza: miejsce czaszek – zostałem ukrzyżowany przez Rzymian, ponieważ naród żydowski nie przyjął Mnie jako Mesjasza. Mimo że chodziłem wzdłuż i wszerz doliny Jordanu, głosząc, nauczając, uzdrawiając i dając wiele znaków Mojej boskości, krnąbrny naród żydowski pozostał uległy uczonym w Piśmie i dlatego jest współwinny śmierci Jezusa z Nazaretu.

Przy słowach „*Dokonało się*" we wszystkie obciążone i upadłe dusze wniknęły Iskry Zbawcze. Dzięki temu stałem się i Jestem Zbawicielem wszystkich ludzi i dusz.

Jako Chrystus Boży działałem i działam nadal. We wszystkich pokoleniach aż po obecny czas [1989] objawiałem się i objawiam przez prawdziwe narzędzia Boga, przez ludzi, których dusze są w znacznym stopniu oczyszczone.

Na tym potężnym przełomie czasów, kiedy świetlisty czas coraz bardziej zbliża się do ludzi, uczę odwiecznego Prawa we wszystkich jego aspektach i coraz więcej ludzi podąża ścieżką do wnętrza, do miłości Boga.

Teraz nastał czas, który Ja jako Jezus z Nazaretu zapowiedziałem: „*Dzisiaj nie możecie tego jeszcze znieść, a więc pojąć, ale kiedy przyjdzie Duch Prawdy, wprowadzi was w całą prawdę*". Teraz Ja Jestem w Duchu wśród Moich wiernych wędrowców do odwiecznego bytu, do świadomości

Mojego Ojca, i uczę ich absolutnego, odwiecznego Prawa, żeby i ci, którzy żyć będą w Królestwie Pokoju, spełniali je i dzięki temu żyli we Mnie, a Ja przez nich.

Moje słowa są życiem, są wiecznym Prawem. One zachowają się w wędrowcach do odwiecznego bytu i w licznych świadectwach na piśmie, jak również w tej książce, przeznaczonej dla Królestwa Pokoju Jezusa Chrystusa.

Rozpoznajcie: Jedynie odwieczne Prawo miłości czyni człowieka wolnym, a nie prawo siewu i zbioru, które przynosi mu tylko cierpienie, chorobę, nędzę i kalectwo.

Przestrzegaj przykazań – dopiero potem nauczaj

K tokolwiek by tedy złamał jedno z tych przykazań, które On da i będzie ludzi nauczał, aby tak samo czynili, najmniejszym zwany będzie w królestwie niebios. Kto ich jednak przestrzega i naucza, ten będzie nazwany wielkim w królestwie niebios. (Rozdział 25, 9)

Chrystus wyjaśnia, prostuje
i pogłębia słowo:

Dziesięć Przykazań, które Bóg dał swoim ludzkim dzieciom przez Mojżesza, jest wyciągiem z odwiecznego Prawa życia i miłości. Kto wykracza przeciw tym przykazaniom, nauczając o nich swoich współbraci, a sam ich nie przestrzegając, ten jest fałszywym nauczycielem. On grzeszy przeciwko Duchowi Świętemu. To jest grzech największy. Taki fałszerz używa Bożej miłości, Prawa życia, do własnych celów, a zatem nadużywa odwiecznego Prawa. Każde nadużycie jest rabunkiem, a każdy rabuś jest ścigany i szczuty przez swoje własne czyny, przez swoje własne przyczyny, które go wcześniej czy później dogonią i zdemaskują. Bóg jest bowiem Bogiem sprawiedliwym; przez Niego wszystko wychodzi na jaw – zarówno dobre, mniej dobre, jak i złe.

Kto zaś przestrzega Prawa miłości i życia, to znaczy spełnia je w życiu codziennym i uczy ludzi tego, co sam urzeczywistnił, ten jest prawdziwym duchowym nauczycielem. On podaje ludziom chleb niebios i wielu nim nasyci. Kto daje z własnego wypełnienia, ten jest wypełniony boską mądrością i siłą i będzie potem, kiedy nadejdzie czas, świecił jak gwiazda na niebie. Wypełniony Bogiem człowiek czerpie bowiem ze strumienia zbawienia i daje bezinteresownie tym, którzy są spragnieni sprawiedliwości.

Rozpoznajcie: Dzięki takim sprawiedliwym mężczyznom i kobietom przyjdzie na ten świat odwieczne Prawo miłości i życia. Kto zatem przestrzega i naucza odwiecznego Prawa, będzie zwany wielkim w królestwie niebios, a to oznacza, że w niebie otrzyma hojną nagrodę.

Żyj zgodnie z tym, co rozpoznałeś

Zaprawdę, ci, którzy wierzą i słuchają, uratują swoje dusze, ale ci, którzy nie słuchają, utracą dusze swoje. *Albowiem powiadam wam: Jeśli sprawiedliwość wasza nie będzie większa niż sprawiedliwość uczonych w Piśmie i faryzeuszy, nie wejdziecie do królestwa niebios. (Rozdział 25, 10)*

Chrystus wyjaśnia, prostuje i pogłębia słowo:

Wypowiedź: „*(...) którzy wierzą i słuchają, uratują swoje dusze, ale ci, którzy nie słuchają, utracą dusze swoje*", oznacza: Kto wierzy i spełnia prawa Boże, uratuje swoją duszę z koła ponownych wcieleń, które wciąga ją w ciało tak długo, aż będzie oczyszczone to wszystko, co wciąż na nowo ściągało ją w szatę ziemską.

Rozpoznajcie: Sama wiara w Prawo życia nie wystarczy. Jedynie wiara w życie i urzeczywistnianie praw życia wyprowadzają człowieka i duszę z koła ponownych wcieleń.

Kto nie przestrzega praw Bożych, zdradza Boga i zaprzedaje swoją duszę ciemności. W efekcie zakrywa światło swojej duszy, swoje prawdziwe życie. Taki człowiek żyje potem w grzechu, a dusza – w ułudzie tego świata. Prawo reinkarnacji, koło ponownych wcieleń, które pociąga duszę do inkarnacji, będzie działać jeszcze przez dłuższy czas, żeby wcielona dusza rozpoznała, że nie jest z tego świata, lecz przebywa w szacie ziemskiej, aby odłożyć to, co ludzkie, i odsłonić to, co boskie – swoje prawdziwe, wieczne życie.

Nie wszyscy znający znaki pisma interpretują je jedynie według litery – lecz także według sensu. Dlatego jest powiedziane: Jeśli sprawiedliwość wasza nie będzie większa niż sprawiedliwość wielu uczonych w Piśmie, którzy udają, że są sprawiedliwi, i uczą Mojego Prawa, a sami go nie przestrzegają – to nie wejdziecie do królestwa niebios.

Dlatego nie przywiązujcie się do zdania i poglądów ludzi. Urzeczywistniajcie to, co rozpoznaliście z praw życia. Wtedy rozpoznacie kolejne kroki do wyższych prawidłowości.

Rozpoznajcie: Sprawiedliwość Boga jest Bożą miłością i mądrością. Kto nie rozwinie ich w sobie, nie będzie też nimi promieniować, nie osiągnie wglądu w głębiny odwiecznego bytu i nie zgłębi swojego prawdziwego życia. Jego ziemskie życie będzie wtedy jedynie wegetowaniem. Taki człowiek wegetuje, nie zaznawszy prawdziwego życia. Zarówno w życiu doczesnym, jak i w zaświatach będzie duchowo martwy. Nie może mieć właściwej orientacji ani w tym ziemskim życiu, ani w życiu pozaziemskim, ponieważ nie żyje zgodnie z prawami życia. Nie jest mądry, tylko przekazuje swoją nagromadzoną wiedzę. W efekcie staje się zwolennikiem grzechu, a ostatecznie – grzesznikiem. Wykracza przeciw odwiecznemu Prawu i przez to wpada coraz głębiej w prawo siewu i zbioru.

Pojednaj się z bliźnim

latego jeślibyś składał dar twój na ołtarzu i tam wspomniałbyś, że brat twój ma coś przeciwko tobie, zostaw dar twój przed ołtarzem, odejdź i najpierw pojednaj się z bratem twoim, a potem, przyszedłszy, złóż dar swój.
(Rozdział 25, 11)

Chrystus wyjaśnia, prostuje
i pogłębia słowo:

Jeśli chcesz Mnie, Chrystusowi, poświęcić swoje życie i przekazać Mi swoje błędy i grzechy, a rozpoznasz, że z twoim bliźnim jeszcze się nie pojednałeś, to zostaw swój grzech przed wewnętrznym ołtarzem. Pójdź do bliźniego, pojednaj się z nim, a potem – jeśli tego samego lub podobnego, co doprowadziło do grzechu, już więcej nie chcesz robić – złóż swój grzech na ołtarzu. Ołtarz ten znajduje się w głębi twojej świątyni z krwi i kości. Duch miłości i życia przekształci wtedy grzech w siłę i życie, bowiem od tego, co przekażesz Mi chętnie, dobrowolnie i bez przymusu, a więc tego samego lub podobnego już więcej nie uczynisz, będziesz uwolniony. Twoja dusza otrzyma wtedy wzmożone światło ze Mnie.

Przestrzegajcie następującej prawidłowości: Jeśli zgrzeszyliście przeciwko bliźniemu jedynie w myślach – przez okrutne, zawistne, mściwe, zazdrosne lub wrogie myśli – to nie idźcie do niego, aby mu o tym powiedzieć. Wiedzcie, wasz bliźni nie zna świata waszych myśli. Jeśli ujawnicie mu je słowami, to będzie nad nimi rozmyślał. Przyjdźcie jedynie do Mnie, do Chrystusa, który Jestem w waszym wnętrzu. Pożałujcie za swoje myśli i jednocześnie posyłajcie duszy bliźniego pozytywne, ofiarne myśli, w których prosicie go o przebaczenie, oraz myśli wewnętrznej łączności. Wtedy Ja rozwiążę to, co w myślach zostało spowodowane. I skoro potem tych samych lub podobnych myśli więcej mieć nie będziecie, to już zostało wam przebaczone.

Rozpoznajcie: Jeśli powiecie bliźniemu o swoich ludzkich myślach, to możecie poruszyć w nim ludzkie aspekty znajdujące się właśnie w procesie przeistoczenia. Wtedy mogą się one ponownie uaktywnić w bliźnim i spowodować, że zacznie on znowu negatywnie myśleć i mówić, obciążając się na nowo.

Prawo mówi: Obciąża się nie tylko ten, kto przez wasze błędne postępowanie został ponownie pobudzony do rozmyślania, lecz również i wy poprzez wypowiadanie swoich myśli i pobudzanie w bliźnim ludzkich aspektów znajdujących się właśnie w procesie przeistoczenia.

Jeśli jednak z waszych ust wyszło coś sprzecznego z Prawem, na przykład oskarżaliście bliźniego, obrzucaliście go wyzwiskami lub oczernialiście, to – nawet jeśli on dowiedział się o tym od innych ludzi – pójdźcie do niego i proście go o przebaczenie. Jeśli wam przebaczy, to i Odwieczny, niebiański Ojciec we Mnie, w Chrystusie, wam przebaczy. Jeśli wam jednak nie przebaczy, to i wasz niebiański Ojciec we Mnie, w Chrystusie, nie będzie mógł wam przebaczyć. Jednak miłość Boga Ojca-Matki będzie coraz bardziej poruszać to twarde jeszcze serce, żeby człowiek szybciej się nawrócił i przebaczył wam, tak aby Bóg we Mnie, w Chrystusie, mógł wam przebaczyć i aby potem zostało oczyszczone i przeistoczone wszystko, co kiedyś było sprzeczne z Prawem.

Wystrzegajcie się własnego języka! Ponieważ to, co wychodzi z waszych ust i jest sprzeczne z Prawem, może waszemu bliźniemu i wam samym wyrządzić większą szkodę niż wasze myśli, które w porę – zanim spowodują skutki – rozpoznacie i przekażecie Mnie, Chrystusowi w was.

Rozpoznajcie następną prawidłowość: Myśli nie widać i nie słychać, a jednak są one obecne. Wibrują w atmosferze i mogą wpływać na tego, kto myśli tak samo lub podobnie. Jeśli w porę Mi je przekażecie, będą one zmazane – chyba że dusza waszego bliźniego już je w sobie zapisała. Wtedy tak będziecie prowadzeni, że dana wam będzie możliwość zrobienia czegoś dobrego dla tego człowieka, o którym myśleliście negatywnie. I gdy ten dobry uczynek zrobicie bezinteresownie, nie wypowiadając swoich dawnych myśli, to w duszy tego, o którym negatywnie myśleliście,

zostanie skasowane to, co on już w niej zareje-
strował. Wtedy również i w was będzie oczyszczone to, co z waszej duszy wypromieniowało.

Przebacz i proś o przebaczenie

Pogódź się jak najprędzej z przeciwnikiem swoim, póki jesteś z nim w drodze, aby przeciwnik nie oddał cię kiedyś sędziemu, a sędzia oprawcy, bo nie wydostaniesz się prędzej, aż spłacisz wszystko do ostatniego grosza.
(Rozdział 25,12)

Chrystus wyjaśnia, prostuje
i pogłębia słowo:

„Pogódź się jak najprędzej z przeciwnikiem swoim, póki jesteś z nim w drodze (...)" oznacza: Nie dopuszczaj, aby zalegał grzech, jaki popełniłeś wobec bliźniego! Napraw go jak najprędzej, póki twój bliźni jest jeszcze z tobą na drodze życia w ziemskim bycie. Kiedy jego dusza odejdzie z tej ziemi, będziesz musiał być może długo czekać, żeby go znowu spotkać i móc prosić o przebaczenie.

Rozpoznajcie: Sędzią jest prawo siewu i zbioru. Kiedy ono zadziała, to człowiek nie będzie mógł się z niego wydostać, dopóki nie spłaci wszystkiego

„do ostatniego grosza" – dopóki więc wszystko, co spowodował i za co w porę nie pożałował, nie zostanie oczyszczone.

Dlatego korzystajcie z możliwości proszenia bliźniego o przebaczenie i przebaczenia mu, dopóki jeszcze jesteście z nim w drodze na tej ziemi i dopóki grzech jeszcze nie wrył się w duszę i nie stał się przyczyną. Kto nie przebacza i nie prosi o przebaczenie, będzie musiał ponosić skutki, aż zapłaci wszystko „do ostatniego grosza".

Pogódźcie się więc z bliźnim jak najszybciej. Jeśli przyczyny, na przykład spory, zawiść lub zazdrość, zakorzeniły się już w waszej duszy i to samo stało się w bliźnim, przeciw któremu jesteście, to istnieje możliwość, że bliźni tak prędko wam nie przebaczy – nawet jeśli rozpoznaliście swój grzech i odczuliście skruchę – ponieważ kompleks winy w jego duszy mógł się wzmocnić przez ten sam lub podobny sposób myślenia, który w nim wywołaliście. Przez wasze grzeszne postępowanie, które podtrzymywaliście przez dłuższy czas, również i on żywił w swojej duszy urazę do was i tak jak wy stworzył wielkie pole negatywnej energii, kompleks winy, który teraz musi być przepracowany przez was oboje. Oczyszczenie może nastąpić jeszcze w tym ziemskim życiu lub dopiero w krainach dusz albo w kolejnych inkarnacjach.

Rozpoznajcie: Zanim ciosy losu dosięgną człowieka, jest on upominany przez Ducha życia, który jest też życiem duszy, a także przez ducha opiekuńczego albo przez ludzi. Upomnienia z Ducha są najsubtelniejszymi odczuciami wypływającymi z duszy lub odczuciami, którym duch opiekuńczy pozwala wpłynąć w świat odczuć i myśli człowieka. One upominają go, aby zawrócił lub naprawił to, co spowodował. Odwieczny Duch życia i duch opiekuńczy mogą również pobudzić ludzi do odszukania człowieka, którego ma trafić cios losu. Pójdą oni wtedy do niego i zaczną rozmowę, która – jak gdyby sama z siebie – skieruje się na daną sprawę. W wyniku tej rozmowy może być rozpoznana i oczyszczona przyczyna bliskiego nieszczęścia.

Widzicie więc, że odwieczne światło na różne sposoby upomina i daje wskazówki – zarówno bliźniemu, z którym stworzyliście przyczyny, jak i wam.

Również przez impulsy z wydarzeń dnia człowiek upominany jest na czas, zanim to, co spowodował, spadnie na niego w postaci ciosów losu.

Kto poważnie traktuje takie wskazówki i to, co rozpoznał jako grzeszne, oczyszcza poprzez skruchę, przebaczenie, prośbę o przebaczenie i zadośćuczynienie, ten nie musi znosić tego, co spowodował. Jeśli grzech jest wielki, to może się zdarzyć, że będzie musiał znieść część, a nie całość tego, co chciałoby w duszy wybuchnąć. Natomiast ten, kto wszelkie upomnienia ignoruje i pomija, gdyż odurza się ludzkimi sprawami, będzie musiał zapłacić „*do ostatniego grosza*" za stworzone przez siebie przyczyny.

Kochaj nieprzyjaciół swoich

Słyszeliście, że powiedziano: *Będziesz miłował bliźniego swego, a nienawidził nieprzyjaciela swego. A Ja powiadam wam, którzy słuchacie: Miłujcie nieprzyjaciół swoich, dobrze czyńcie tym, którzy was nienawidzą. (Rozdział 25,13)*

Chrystus wyjaśnia, prostuje
i pogłębia słowo:

Przykazanie życia głosi: „*Miłujcie nieprzyjaciół swoich, dobrze czyńcie tym, którzy was nienawidzą*".

Każdy powinien widzieć w drugim człowieku swojego brata lub swoją siostrę. Również w pozornych wrogach powinniście rozpoznawać swoich bliźnich i starać się bezinteresownie ich kochać.

Pozorny wróg może być dla ciebie dobrym zwierciadłem i służyć ci do samorozpoznania, skoro reagujesz oburzeniem na jego wrogość, która może mieć wiele aspektów. Jeśli bowiem w bliźnim coś cię denerwuje, to to samo lub podobne tkwi w tobie.

Skoro jednak możesz bez większych emocji przebaczyć bliźniemu, który ciebie obwinia i oskarża, to nie istnieje w tobie odpowiednik; nie masz więc w sobie tego samego lub podobnego i dlatego nie powstaje w twojej duszy rezonans. Być może to, o co zostałeś oskarżony, naprawiłeś już lub odpokutowałeś w poprzednich wcieleniach albo też nigdy tego w swojej duszy nie zbudowałeś. Było to jedynie w duszy tego, kto przeciw tobie myślał, mówił i ciebie oskarżał. Jeśli więc w tobie nie odzywa się wzburzenie, nie powraca z twojej duszy żadne echo, to wtedy jesteś dla niego zwierciadłem. To, czy on spojrzy w to zwierciadło swojego ludzkiego ja, czy też nie, zostaw Bogu i jemu, Jego dziecku.

Rozpoznaj: Już przez samo twoje pojawienie się odezwało się jego sumienie i pokazało mu, że kiedyś o tobie na przykład negatywnie myślał i mówił. Teraz ma możliwość to naprawić. Jeśli tak zrobi, czyli pożałuje za to i więcej tego samego lub podobnego nie będzie myślał i robił, to z jego duszy zostanie to usunięte, a więc przekształcone. Dopiero wtedy zobaczy ciebie oczami Wewnętrznego Światła.

Znakiem przekształcenia tego, co w duszy było negatywne, w pozytywne, jest życzliwość i zrozumienie dla bliźniego.

Błogosławcie tych, którzy was przeklinają

B łogosławcie tych, którzy was przeklinają, i módlcie się za tych, którzy was ze złośliwości znieważają. Abyście byli dziećmi waszego Ojca, który jest w niebie i który pozwala, aby słońce wschodziło nad złym i dobrym i aby deszcz padał na sprawiedliwych i niesprawiedliwych. (Rozdział 25, 14)

Chrystus wyjaśnia, prostuje
i pogłębia słowo:

Kto przestrzega tych przykazań, będzie względem współbraci sprawiedliwy i przykładem swojego życia poprowadzi wielu ludzi do życia w Bogu. Bóg nie karze i nie chłoszcze swoich dzieci. Wynika to już ze słów: „(…) który pozwala, aby słońce wschodziło nad złym i dobrym i aby deszcz padał na sprawiedliwych i niesprawiedliwych".

Bóg jest dawcą życia, gdyż sam jest życiem. Z odwiecznych praw życia Bóg dał ludziom wolną wolę do podjęcia samodzielnej decyzji: z Nim lub przeciw Niemu. Kto jest z Nim, ten przestrzega odwiecznych praw miłości i życia i będzie odbierał dary miłości i życia z odwiecznego Prawa. Ten zaś, kto w swoich odczuciach, myślach i czynach wykracza przeciwko odwiecznemu Prawu, będzie zbierał to, co zasiał, a więc to, co odczuwał, myślał i robił.

Tak więc każdy otrzymuje to, co sam zasiał. Kto sieje dobre ziarno, a więc spełnia prawa Boże, będzie zbierał dobre owoce. A kto sieje ziarno ludzkiego ja, to znaczy wkłada w glebę swojej duszy ludzkie odczucia, myśli, słowa i czyny, ten będzie zbierał odpowiednie do tego owoce.

Rozpoznajecie z tego, że Bóg nie wkracza w wolę człowieka. On daje, wspiera, upomina, prowadzi i chroni tych, którzy starają się spełniać Jego wolę, gdyż kierują się ku Niemu. Kto zaś odwraca się od Niego, tworząc swoje własne, ludzkie prawo, będzie sterowany przez swoje własne prawo ludzkiego ja.

Bóg nie wkracza więc w prawo siewu i zbioru. Bóg na różne sposoby wychodzi swoim dzieciom naprzeciw i ci, którzy proszą Go z całego serca i spełniają to, co Ja, Chrystus w Bogu, Moim Ojcu, im przykazałem – aby ofiarnie wzajemnie się kochali – są w Bogu, gdyż Bóg przez nich działa.

Przyjmij bliźniego z całego serca

Bo jeślibyście miłowali tylko tych, którzy was miłują, jakąż mieć będziecie zapłatę? Albowiem grzesznicy też miłują tych, którzy ich miłują. A jeślibyście czynili dobrze tym, którzy wam dobrze czynią, jakąż mieć będziecie zapłatę? Wszak grzesznicy też tak czynią. A jeślibyście pozdrawiali tylko braci waszych, cóż osobliwego czynicie? Czyż i celnicy tego nie czynią? (Rozdział 25, 15)

Chrystus wyjaśnia, prostuje
i pogłębia słowo:

Przyjmij więc bliźniego w swoim sercu nawet wtedy, gdy on ciebie nie kocha, nawet wtedy, gdy ciebie nie wspiera i znieważa, odmawiając ci pozdrowienia. Kochaj go! Wspieraj go bezinteresownie i pozdrawiaj choćby tylko w myślach, jeśli słowem nie chce być pozdrowiony. Również i pozdrowienie serca przekazane w myślach wnika w duszę i we właściwym czasie przynosi dobre owoce.

Zwracajcie więc uwagę na to, żeby być jak słońce, które świeci niezależnie od tego, czy człowiek chce je widzieć, czy nie, czy życzy sobie deszczu lub wichury, czy też pragnie ciepła lub chłodu.

Dawajcie ofiarną miłość, tak jak słońce daruje się ziemi, i szanujcie wszystkich ludzi, wszelki byt. Wtedy otrzymacie zapłatę w niebie.

Nie starajcie się ludziom przypodobać. Nie róbcie różnic, jak ludzie zadający się tylko z tymi, którzy myślą i postępują podobnie jak oni, a potępiają tych, którzy myślą i postępują inaczej.

Nie przywiązuj się do ludzi ani do rzeczy

jeśli czegoś pożądasz, tak jak twojego życia, ale odwodzi cię to od prawdy, odrzuć swoje pożądanie, gdyż lepiej jest wejść w życie i posiąść prawdę, niż ją utracić i być wtrąconym do najgłębszej ciemności. *(Rozdział 25, 16)*

Chrystus wyjaśnia, prostuje
i pogłębia słowo:

To, czego człowiek pożąda dla siebie, dotyczy tego, co w nim ludzkie, jego niskiego ja. Wszystko to jest związaniem. Związanie oznacza, że jest się przywiązanym do ludzi i rzeczy. Kto przywiązuje się do ludzi i rzeczy, kto jest więc do czegoś przywiązany, ten zmniejsza w sobie przepływ kosmicznych energii.

Jeśli przywiązujesz do siebie człowieka jedynie dla własnych korzyści, to swoim samolubstwem dążysz do celów, które odwodzą cię od życia we Mnie, w Chrystusie. Przez to opuszczasz bezosobowe, ofiarne życie, wikłając się w żądzę posiadania i uznania, a twoje wewnętrzne, duchowe życie ubożeje. Jeśli nie odstąpisz w porę od żądzy posiadania i uznania, to kiedyś wszystko utracisz.

Jeśli nie rozpoznasz siebie w skutkach swojego postępowania – w utracie mienia, w chorobie lub też w niedoli i cierpieniu – a w rezultacie nie pożałujesz za to i nie zadośćuczynisz, to jako dusza i jako człowiek będziesz wędrował w ciemności, gdyż dbałeś tylko o siebie, o swój własny dobrobyt.

Dlatego rozpoznawaj się każdego dnia na nowo, urzeczywistniaj codziennie prawa Boże i odstąp od pożądania czegokolwiek dla swojego własnego ja. Pozostań prawy, a zatem wierny Prawu Boga. Wtedy wejdziesz w życie, które jest twoim prawdziwym bytem, i będziesz bogaty w swoim wnętrzu, gdyż odsłoniłeś w sobie niebo.

Prawda, która jest bezosobowa, nie może wpłynąć w tego, kto nie jest naczyniem prawdy. Taki człowiek ma na względzie jedynie siebie i zbiera tylko dla siebie. Takie postępowanie sprawia, że odwraca się od wiecznie płynącej siły Bożej i wiedzie „życie w bajorze". Do bajora wpływa tylko brud i niewiele z niego wypływa. Oznacza to, że człowiek na własnym ciele odczuje to, co nagromadził w swoim „bajorze".

Natomiast odwieczna prawda płynie przez tego człowieka, który jest naczyniem prawdy. On odbiera od Boga i daje z Boga, a zatem staje się zdrojem życia dla wielu. Kosmiczna, życiodajna energia, źródło wszelkiego bytu, płynie przez wszystkie jego formy i przez tych ludzi i te dusze, którzy skierowali się ku Bogu, a więc stali się Bożym naczyniem.

Rozpoznajcie: Odwiecznie płynąca siła przepływa tylko przez tego człowieka i tę duszę, którzy nie gromadzą dla samolubnych celów, lecz bezinteresownie dają. Jedynie przez ofiarnie darującego płynie bezustannie strumień Boży! Jeśli Bóg może bez przeszkód przepływać przez człowieka, to taki człowiek żyje w prawdzie, w Bogu, w życiu, które trwa wiecznie. Tylko tacy ludzie dają ze Mnie, z życia, gdyż stoją we Mnie, w życiu i prawdzie.

Stań się doskonałym jak
twój Ojciec w niebie

A jeślibyś czegoś pożądał, co przyniosłoby innym ból i troskę, wyrwij to z serca swego; tylko tak dojdziesz do pokoju. Lepiej jest bowiem znosić troskę, niż przynosić ją tym, którzy słabsi są od was.

Bądźcie tedy doskonali, jak wasz Ojciec w niebiosach doskonały jest. (Rozdział 25, 17-18)

> Chrystus wyjaśnia, prostuje
> i pogłębia słowo:

Wszystko, co wywodzi się z ciebie, a nie jest boskie – na przykład negatywne myśli, słowa i czyny – może przynieść ból i zmartwienie nie tylko twojemu bliźniemu, ale również i tobie, ponieważ co człowiek sieje, to zbiera.

Plony są takie, jaki był siew. Zbiera je zawsze ten, kto zasiał, a nie jego bliźni. Twój bliźni nie zasiał twojego ziarna, a więc nie zbierze twoich plonów.

Twoje nasiona mogą być jednak zdolne do lotu tak jak nasiona różnych gatunków roślin, przenoszone po okresie kwitnienia przez wiatr i zapuszczające korzenie tam, gdzie jest to dla nich możliwe. Podobnie twoje myśli, słowa i czyny mogą, jak zdolne do lotu nasiona, wpaść w glebę duszy twojego bliźniego i wzejść, jeśli znajdą tam te same lub podobne warunki.

W nim jest to samo, co w tobie, lub coś podobnego, skoro w wyniku twoich słów i czynów denerwuje się i złości, kiedy przysparzasz mu nimi zmartwień, a on – dotknięty twoim zdolnym do lotu nasieniem – to samo lub podobne myśli, mówi i robi. Jednak to ty to wywołałeś i możesz być pociągnięty do odpowiedzialności w prawie siewu i zbioru. Tobie przykazano kochać bliźniego bezinteresownie, służyć mu i pomagać, a nie przysparzać mu bólu i zmartwień swoim postępowaniem.

Jeśli twój bliźni obciąży się wskutek twojego sprzecznego z Prawem postępowania, gdyż wtargnąłeś w glebę jego duszy i wprowadziłeś w wibrację przyczyny, z powodu których będzie on musiał potem znosić wielkie cierpienia, to jesteś z nim związany. A jeśli on w wyniku twojego postępowania również negatywnie zareaguje, to także będzie z tobą związany. W tym lub w jakimś innym życiu będziecie musieli to ze sobą oczyścić.

Rozpoznajcie: Małe, niepozorne, zdolne do lotu nasionko ludzkiego ja może stworzyć wielką przyczynę, która już niesie w sobie skutki.

Rozpoznajcie więc: Każda przyczyna musi być usunięta!

Inny przykład: Kiedy wysyłasz swoje negatywne myśli, słowa i czyny niczym zdolne do lotu nasiona, a twój bliźni słyszy, co o nim mówisz, ale nie reaguje, gdyż nie ma odpowiedników w glebie swojej duszy, to tylko ty się obciążasz i będziesz z nim związany – on z tobą nie. Twój bliźni może wejść do nieba, ponieważ nie przyjął i nie odebrał twoich negatywnych nasion, gdyż nie myślał i nie mówił tak samo lub podobnie jak ty. Jeśli jednak przez twoje błędne postępowanie poruszyłeś w bliźnim przyczyny, które nie musiałyby dojść w nim do skutku, gdyż w późniejszym czasie mógłby je bez bólu i zmartwień oczyścić, to ty ponosisz większą winę i będziesz odpowiadał za tę część, którą spowodowałeś u bliźniego.

Skoro więc musisz cierpieć z powodu bólu i zmartwień, to nie przypisuj bliźniemu winy za to, w jakim jesteś stanie. Ty sam jesteś sprawcą, a nie twój bliźni. Twój ból i twoje zmartwienia są owocami z nasion, które wzeszły w twojej duszy, i plonem, który uwidocznił się również w twoim ciele.

Jedynie Ja, Chrystus, twój Zbawiciel, mogę cię od tego uwolnić – i to tylko wtedy, gdy pożałujesz za to i tego samego lub podobnego nie będziesz już więcej robić. Wtedy będzie zdjęty ciężar z twojej duszy i odczujesz poprawę swojej sytuacji.

Wiedzcie: Prawdziwa wewnętrzna wielkoduszność cechuje tego, kto rozpoznaje ból oraz zmartwienie jako swój własny siew i przyjmuje swoje cierpienie. Jest ona znakiem duchowego rozwoju, a duchowy rozwój prowadzi stopniowo do doskonałości.

Czysta istota jest doskonała, jest podobieństwem Boga Ojca-Matki. Ona żyje w Bogu, a Bóg żyje poprzez czystą istotę.

Błogosławieni czystego serca, albowiem oni będą oglądać Boga – gdyż stali się znowu podobieństwem niebiańskiego Ojca. Z czystego, oddanego Bogu serca płynie łagodność i pokora.

Idź drogą do wnętrza

Baczcie, żebyście nie dawali waszej jałmużny na oczach ludzi, aby was widziano. Inaczej nie będziecie mieli zapłaty u waszego Ojca w niebie. Gdy więc dajesz jałmużnę, nie rozgłaszaj tego, jak to czynią obłudnicy w synagogach i na ulicach, aby ich ludzie chwalili. Zaprawdę, powiadam wam: oni już odebrali swoją zapłatę.

A kiedy ty dajesz jałmużnę, niechaj nie wie twoja lewa ręka, co czyni prawa, aby jałmużna twoja pozostała w ukryciu; a Ten, który widzi to, co jest ukryte, odpłaci tobie jawnie. (Rozdział 26, 1-2)

Chrystus wyjaśnia, prostuje
i pogłębia słowo:

Urzeczywistnianie nauk Kazania na Górze w życiu codziennym jest Wewnętrzną Drogą do serca Boga. To, czego człowiek nie robi bezinteresownie, to robi dla siebie samego. Bezinteresowność jest Bożą miłością. Interesowność jest ludzką miłością. Jeśli ktoś robi coś dobrego dla bliźniego tylko wtedy, gdy ten mu za to dziękuje i chwali za dobre czyny, to nie robi tego dla bliźniego, tylko dla siebie. Podziękowanie i pochwała są wtedy zapłatą. Ten człowiek został już wynagrodzony i od Boga nie otrzyma żadnej zapłaty. Jedynie bezinteresowność będzie wynagrodzona przez Boga. Bezinteresowność rośnie i dojrzewa tylko w tym człowieku, który zrobił pierwsze kroki do królestwa wnętrza, a więc urzeczywistnił.

Pierwszym krokiem w tym kierunku jest kontrola myśli: Zastąp samolubne, negatywne, ponure lub pełne namiętności myśli myślami pozytywnymi, wspierającymi, radosnymi, szlachetnymi oraz myślami o tym, co jest dobre w człowieku i we wszystkim, co ciebie spotyka. Wtedy stopniowo uzyskasz kontrolę nad swoimi zmysłami. Nie będziesz już pożądał niczego, co należy do bliźniego, ani niczego od niego oczekiwał. Na kolejnym odcinku Wewnętrznej Drogi będziesz wypowiadał tylko to, co pozytywne i istotne. Dzięki temu opanujesz swoje ludzkie ja, gdyż nauczyłeś się spoczywać w sobie. Wtedy twoja dusza rozświetli się coraz bardziej i znajdziesz we wszystkim, co cię spotyka, pozytywną stronę, którą będziesz też w stanie określić słowami i wypowiedzieć. Jeśli się tego nauczysz, to będziesz mógł w sposób zgodny z Prawem zwrócić uwagę również i na to, co negatywne. W ten sposób rozbudzą się w tobie szczerość i otwartość i we wszystkim będziesz mógł być wierny Bogu.

Ten duchowy proces ewolucji, prowadzący do bezinteresowności, jest Wewnętrzną Drogą do serca Boga. Wszystko, co robisz bezinteresownie, przynosi ci obfite owoce.

Jeśli więc twoje odczucia nie zawierają oczekiwań, a twoje myśli są dobre i szlachetne, to w twoich słowach i czynach będzie moc z Boga. Ta moc jest Moją życiową energią. Ona wnika w duszę twojego bliźniego i sprawia, że on również stanie się bezinteresowny. Bowiem to, co wypływa z twojej świetlistej duszy, wcześniej czy później wniknie w duszę i w serce twojego bliźniego, zależnie od tego, kiedy bliźni się na to otworzy.

Kto ofiarnie daje, nie pyta, czy bliźni dowiedział się o tym. Ofiarny człowiek daje! On wie, że Bóg, odwieczny Ojciec, ma wgląd w serca wszystkich swoich dzieci i że Odwieczny, którego Duch mieszka w każdym człowieku, wynagrodzi ofiarnego wtedy, gdy nadejdzie czas. Jedynie to ma znaczenie.

Rozpoznajcie: Wszystkie dobre, a więc ofiarne czyny staną się widoczne w odpowiednim czasie, żeby mogli je zauważyć ci, którzy mają je zobaczyć, tak aby również oni mogli stać się bezinteresowni, przyjmując życie we Mnie i dążąc do niego – i spełniając to, co im przykazałem: ofiarnie kochać się nawzajem, tak jak Ja, Chrystus, ich kocham.

Naucz się prawdziwie modlić

A gdy się modlisz, nie bądź jak obłudnicy, którzy lubią modlić się w synagogach i na rogach ulic, aby pokazać się ludziom. Zaprawdę, powiadam wam: oni otrzymali już zapłatę swoją.

Gdy ty się modlisz, wejdź do izdebki swojej, a zamknąwszy drzwi za sobą, módl się do twojego niebiańskiego Ojca, który jest w tym, co ukryte; a ukryty Jedyny, który ma wgląd w to, co jest ukryte, odpłaci tobie jawnie. (Rozdział 26, 3-4)

Chrystus wyjaśnia, prostuje
i pogłębia słowo:

Kiedy się modlisz, to pójdź w spokojne miejsce i zanurz się w głąb swojego wnętrza, gdyż w tobie mieszka Duch Ojca, którego świątynią jesteś.

Jeśli modlisz się tylko na pokaz, żeby twoi bliźni myśleli, że jesteś pobożny i bogobojny, to powiadam ci: to nie jest pobożność, lecz dewocja – to jest obłuda. Takie uzewnętrznione modlitwy nie mają siły. Kto modli się jedynie ustami lub na pokaz, popełnia grzech wobec

Ducha Świętego, gdyż nadużywa świętych słów dla własnej korzyści.

Rozpoznaj: Jeśli w modlitwie mówisz do Boga, a w swoim życiu nie urzeczywistniasz tego, o co prosiłeś, jeśli więc twoje modlitwy są tylko wystawianiem na pokaz twojego ja, a nie wynikają z głębi twojej duszy i nie są natchnione miłością do Boga, to grzeszysz przeciwko Duchowi Świętemu. To jest największy grzech.

Jeśli twoje modlitwy nie płyną ofiarnie z głębi serca, to byłoby lepiej, żebyś się nie modlił, lecz najpierw uświadomił sobie swoje myśli i ludzkie życzenia i stopniowo Mi je przekazał, tak aby ofiarna miłość, która jest w tobie, mogła rosnąć i abyś mógł się modlić z całego serca. Wtedy twoje modlitwy będą coraz bardziej natchnione i przepojone miłością do Boga i do bliźniego.

„(…) a ukryty Jedyny, który ma wgląd w to, co jest ukryte, odpłaci tobie jawnie" oznacza: Twoje świetliste myśli i natchnione miłością do Boga, pełne siły modlitwy, wydadzą owoce jeszcze na tym świecie. Będziesz mógł rozpoznać swój siew miłości, a i ciebie wielu rozpozna jako źródło miłości.

Odszukaj prawdę w sobie

A gdy się wspólnie modlicie, unikajcie próżnych powtórzeń jak poganie, albowiem oni mniemają, że z powodu swej wielomówności będą wysłuchani. *Nie bądźcie tedy do nich podobni, gdyż wasz Ojciec w niebie wie, czego potrzebujecie, pierwej niż byście o to prosili.* ... (Rozdział 26, 5)

Chrystus wyjaśnia, prostuje
i pogłębia słowo:

Jedynie ten człowiek, który niewiele urzeczywistnił z Prawa prawdy, używa w modlitwie i w życiu codziennym wielu słów i próżnych, pozbawionych natchnienia powtórzeń.

Kto wiele mówi o Prawie prawdy i życia, kto więc wygłasza szumne frazesy, ten nie może wypełnić słów mocą i życiem, gdyż sam nie jest wypełniony Prawem Bożym. Takie słowa są samolubne i dlatego zimne, nawet jeśli są ułożone tak, jak gdyby były ożywione miłością. Słowa bez natchnienia nie docierają do głębi duszy bliźniego i dlatego nie znajdują oddźwięku w człowieku, który pozwala Bożej miłości działać w sobie i przez siebie. Kto bez natchnienia mówi o Prawie prawdy i życia, którego sam nie urzeczywistnia, pobudzi tylko do dyskusji człowieka, który tego słucha i również skierowany jest jeszcze na zewnątrz.

Zrozumcie: Kto dyskutuje na temat duchowych prawidłowości, nie zna praw Bożych. Każdy, kto chce dyskutować, jest przekonany, że wie wszystko lepiej niż bliźni i chce się w tym utwierdzić. Kto dyskutuje, ten sam sobie wystawia świadectwo, że nic nie wie i że jest niepewny. Dlatego dyskutuje.

Kto jednak znalazł prawdę, nie dyskutuje o prawdzie ani o tym, co jest wiarą. Słowo „wiara" zawiera także niewiedzę: człowiek wierzy w to, czego ostatecznie nie wie i czego nie może udowodnić. Kto wierzy w prawdę, prawdy jeszcze nie odnalazł; nie porusza się jeszcze w strumieniu odwiecznej prawdy. Wiara jest zatem jeszcze zaślepieniem.

Natomiast ten, kto odnalazł wieczną prawdę, nie musi już w nią wierzyć – on zna prawdę, gdyż porusza się w strumieniu prawdy. Prawdziwym mędrcem jest ten, kto ten skarb, prawdę, z siebie wydobył. Prawdziwi mędrcy spoczywają w sobie. To jest wewnętrzna pewność i stanowczość. Oni nie dyskutują na temat wiary, gdyż znaleźli drogę od wiary do prawdy, która jest mądrością.

Tak więc ten, kto w Boga tylko wierzy, nie znając odwiecznej prawdy, odwiecznego Prawa, używa wielu słów, mówiąc o swojej wierze.

Podobnie będzie postępował w swoich modlitwach, używając wielu słów, gdyż nie potrafi natchnąć ich ofiarną miłością. Uważa, że za pomocą wielu słów może Boga przekonać lub nawet Go do czegoś nakłonić. Uważa, że musi Bogu wszystko wyraźnie wytłumaczyć, gdyż przypuszcza, że Bóg mógłby jego modlitwy zrozumieć inaczej, niż on tego pragnie. Podobnie myślą i modlą się poganie.

Zauważcie: Im głębiej człowiek zanurza się w boską prawdę, tym mniej słów potrzebuje w modlitwie. Jego modlitwy są krótkie, ale pełne mocy, gdyż słowa promieniują mocą urzeczywistnienia

Urzeczywistniaj swoje modlitwy

latego, gdy jesteście razem, módlcie się tak: Ojcze nasz, któryś jest w niebie, święć się imię Twoje. Przyjdź królestwo Twoje. Bądź wola Twoja na ziemi, tak jak w niebie. Chleba naszego powszedniego daj nam na każdy dzień i owocu żywej latorośli winnej. I tak jak Ty odpuszczasz nam nasze winy, abyśmy i my też odpuszczali wszystkim, którzy przeciw nam zawinili. Nie opuszczaj nas w pokuszeniu. Zbaw nas ode złego. Albowiem Twoje jest królestwo i moc, i chwała na wieczność całą. Amen. (Rozdział 26, 5-6)

Chrystus wyjaśnia, prostuje
i pogłębia słowo:

Wspólna modlitwa „Ojcze nasz" wypowiadana jest różnymi słowami o różnej treści, gdyż sposób odmawiania tej modlitwy odzwierciedla potencjał miłości danej wspólnoty.

Jako Jezus z Nazaretu uczyłem wspólnej modlitwy „Ojcze nasz" w Moim języku ojczystym, a więc innymi słowami i pojęciami niż te, którymi modlono się w późniejszych czasach i w innych językach.

Słowa jako takie są nieistotne. Ważne jest, aby człowiek urzeczywistniał to, o co się modli! Wtedy każde słowo wychodzące z jego ust natchnione jest miłością, siłą i mądrością.

Nie powinniście się modlić według litery lub starać się dosłownie odmawiać „Ojcze nasz", modlitwę, której uczyłem Moich. Chodzi o to, żebyście się starali natchnąć słowa swojej modlitwy miłością do Odwiecznego i do bliźniego i żeby treść tej modlitwy była zgodna z waszym życiem.

Ludzie wypełnieni wieczną prawdą, miłością i mądrością Boga będą modlić się inaczej niż ci, którzy modlą się tylko dlatego, że tak ich nauczono, albo dlatego, że należą do pewnego wyznania, w którym modlitwy odmawiane są odpowiednio do świadomości tego wyznania.

Ludzie na drodze do swojego boskiego prapoczątku modlą się spontanicznie, to znaczy własnymi słowami, które są natchnione miłością i siłą.

Ludzie żyjący w Moim Duchu i przeniknięci boską miłością i mądrością, a więc urzeczywistniający prawa Boże w życiu codziennym, będą przede wszystkim dziękować Bogu za swoje życie i za wszystko inne, czcić Go i chwalić, i coraz bardziej poświęcać Mu swoje życie w odczuciach, myślach, słowach i czynach, gdyż stali się życiem z Jego życia.

Ludzie w Duchu Pana urzeczywistniają modlitwę swoim życiem. To oznacza, że spełniają coraz bardziej prawa Odwiecznego i sami stają się modlitwą, która jest uwielbieniem Boga.

Zatem ten, kto spełnia Bożą wolę, coraz bardziej żyje w uwielbieniu Boga. Taki człowiek nie tylko przestrzega praw Bożych, lecz w wysokim stopniu sam stał się Prawem miłości i mądrości.

W dojrzewającym Królestwie Pokoju Jezusa Chrystusa, w którym Ja Jestem władcą i życiem, ludzie będą coraz bardziej przestrzegać Prawa Bożego. Wielu z nich stało się Prawem, a tym samym ludźmi boskimi, którzy uosabiają życie, Boga, we wszystkim, co myślą, mówią i czynią. Ich modlitwy są życiem we Mnie, spełnieniem odwiecznego Prawa. Swoim życiem, które jest Prawem Bożym, dziękują Bogu za życie.

Wdzięczność dla Boga jest więc życiem w Bogu. Ich życie, które jest jednym dziękczynieniem, wpływa w Królestwo Pokoju.

Oni modlą się takimi mniej więcej słowami, które urzeczywistniają w życiu codziennym:

Ojcze nasz, Twój Duch jest w nas,
a my jesteśmy w Twoim Duchu.
Uświęcone jest Twoje wieczne imię w nas
i przez nas.
Ty jesteś Duchem życia,
Ty jesteś Pra-Ojcem.
Z Ciebie wywodzą się nasze wieczne imiona.
Ty, Odwieczny, nadałeś je nam
i w nasze imiona włożyłeś
całą pełnię nieskończoności.
Nasze imiona, które tchnąłeś w nas,
są miłością i mądrością –
pełnią z Ciebie,
Prawem w nas i przez nas.
Naszym odwiecznym królestwem

jest nieskończoność –
moc i wspaniałość w Tobie i z Ciebie.
Jesteśmy dziedzicami odwiecznego królestwa.
Dlatego jesteśmy samym królestwem,
odwieczną ojczyzną.
Ona jest w nas i działa przez nas.
Twoja nieskończona, wspaniała wola jest w nas
i działa przez nas.
Siła Twojej woli jest mocą naszej woli.
Ona działa w nas i przez nas,
gdyż jesteśmy duchem z Twojego Ducha.
Niebo nie jest czasem ani przestrzenią –
niebo i ziemia to jedno,
bo my jesteśmy w Tobie zjednoczeni.
Miłość i moc w nas i przez nas
jest naszym chlebem powszednim.

Odwieczny, wspaniały Ojcze,
Ty stworzyłeś w nas wszystko,
co wibruje w nieskończoności.
Ty tworzysz przez nas w niebie
i na ziemi.
My jesteśmy w Tobie,

a Ty panujesz w nas i przez nas.
Jesteśmy wypełnieni w Twoim Duchu,
gdyż jesteśmy duchem z Twojego Ducha.
W Tobie jesteśmy bogaci,
gdyż żyjemy naszym dziedzictwem,
nieskończonością z Ciebie.
Nasze wieczne dziedzictwo, duch z Twojego
Ducha,
stwarza dla nas to,
czego my jako ludzie w Królestwie Pokoju
potrzebujemy.
Żyjemy w Tobie i z Ciebie.
Życie rozprzestrzenia się i daruje.
Żyjemy w pełni z Boga,
gdyż sami jesteśmy pełnią.
Ziemia jest niebem,
a Królestwo Pokoju bogactwem ziemi,
w którym żyjemy i jesteśmy –
duchem z Twojego Ducha.
Żyjemy w wewnętrznym królestwie,
a jednak jesteśmy ludźmi ucieleśniającymi na
zewnątrz
to, co promieniuje we wnętrzu.

Imię Pana jest sławione,
On jest życiem w nas i przez nas.
Imię Boga jest
spełnionym Prawem miłości
i wolności.
Grzech jest przeistoczony –
nastało światło.

Żyjemy z Jego światła
i żyjemy w Jego Duchu i z Jego Ducha,
gdyż jesteśmy duchem z Jego Ducha.
W Bogu wszystko jest odkupione.
Jego imię uczyniło wszystko czystym.
Chwała wspaniałości Bożej!
Boża wola, miłość i mądrość
przenikają ziemię i rolę.
My sami jesteśmy ziemią i rolą –
wolą, miłością i mądrością.
W nas jest Boża dobroć – dobro z Boga.
Jesteśmy w Bogu i działamy z Boga.
Ziemia jest Pana –
jest ona królestwem miłości.
Ono działa w nas i przez nas.

Życie, wspaniałość Ojca,
działa w nas i przez nas –
od wieczności po wieczność.

To uwielbienie jest życiem tych, którzy żyją
w Królestwie Pokoju Jezusa Chrystusa. Oni żyją
we Mnie, w Chrystusie, a Ja żyję przez nich. I razem żyjemy w Bogu Ojcu-Matce, a Ojciec żyje
przez nas – od wieczności po wieczność.

Znajduj w negatywnym to, co pozytywne

Bo jeśli odpuścicie ludziom ich przewinienia, odpuści wam i wasz niebiański Ojciec. Ale jeśli nie odpuścicie ludziom ich przewinień, to i wasz Ojciec w niebie nie odpuści wam przewinień waszych.

A gdy pościcie, nie bądźcie smętni jak obłudnicy. Szpecą bowiem twarze swoje, aby ludziom pokazać, że poszczą. Zaprawdę, powiadam wam: odebrali już zapłatę swoją.

I powiadam wam: Jeśli nie będziecie się strzegli świata i jego zgubnych wpływów, nigdy nie znajdziecie królestwa niebiańskiego. I jeśli nie będziecie przestrzegać szabatu i nie poskromicie swojej żądzy zbierania bogactw, nigdy nie będziecie oglądać Ojca w niebie. A ty, gdy pościsz, namaść głowę swoją i umyj twarz swoją, abyś się nie wykazywał przed ludźmi swoim postem. A święty Jedyny, który ma wgląd w to, co jest ukryte, odpłaci tobie jawnie. (Rozdział 26, 7-9)

Chrystus wyjaśnia, prostuje
i pogłębia słowo:

Przykazanie przebaczania i proszenia o przebaczenie będzie obowiązywać tak długo, aż wszystko, co nie odpowiada wiecznym prawom, będzie odkupione i oczyszczone. Przykazanie przebaczania i proszenia o przebaczenie należy do prawa siewu i zbioru. Będzie ono zniesione, kiedy wszystko, co ludzkie, będzie już zmazane i kiedy każda dusza stanie się czystą, nieskazitelną istotą duchową.

Aż do tego czasu obowiązuje przykazanie: Przebaczcie, a doznacie przebaczenia. Jeśli prosicie o przebaczenie i bliźni wam przebaczy, to i wasz Ojciec w niebie wam przebaczy. Gdy jednak prosicie o przebaczenie, a bliźni wam nie może przebaczyć, gdyż nie jest jeszcze do tego gotowy, to i wasz Ojciec w niebie wam nie przebaczy. Ten, kto zgrzeszył wobec bliźniego, musi od niego otrzymać przebaczenie. Dopiero wtedy Bóg odbiera grzech.

Odwiecznie Sprawiedliwy kocha wszystkie swoje dzieci – również i te, które jeszcze nie mają siły do przebaczenia. Gdyby On przebaczył tylko temu, kto był przyczyną grzechu, a nie przebaczył temu, kto przez tamtego został do grzechu nakłoniony, a sam jeszcze przebaczyć nie może – gdzie byłaby wtedy sprawiedliwość Boga? Obaj mogą wejść do nieba dopiero wtedy, gdy ich grzechy będą odkupione.

Dlatego zwracajcie uwagę na to, co wychodzi z waszych ust, i na to, czy wasze postępowanie odpowiada wiecznemu Prawu, a więc czy jest bezinteresowne! Bardzo łatwo wypowiada się lub robi coś, co jest sprzeczne z Prawem, ale długo można czekać, nim zostanie to przebaczone.

Jeśli prosiliście bliźniego o przebaczenie, a on nie jest jeszcze gotowy wam przebaczyć, to łaska Boga w was wzmocni się, otuli was i podniesie – Bóg jednak nie zabierze wam tego, co nie zostało jeszcze oczyszczone. Boskie miłosierdzie wzmocni się również w waszym bliźnim i będzie, uwzględniając jego wolną wolę, prowadzić go tak, aby szybciej rozpoznał swoje błędy, pożałował za nie i wam wybaczył. Dopiero kiedy wszyscy, wobec których zgrzeszyliście, wam przebaczą, kiedy więc wszystko będzie odkupione, będziecie mogli wejść w niebiosa, gdyż wtedy Bóg przeistoczy wszystko, co ludzkie, w boską siłę.

Bóg jest wszechobecny. Działa więc także w prawie siewu i zbioru. Również we wszystkim negatywnym jest to, co pozytywne, Bóg, odwieczne Prawo. Jeśli człowiek rozpozna swoje grzechy i błędy i pożałuje za nie, to uaktywnią się w nich pozytywne siły. Będą one wspierać człowieka, który rozpoznał swoją winę, w jego staraniach o oczyszczenie z grzechów mocą Chrystusa.

Rozpoznajcie Prawo Boże: jest to wieczne życie, życie od wieczności po wieczność – wszystko we wszystkim. Wszystko jest zawarte we wszystkim: w wielkim najmniejsze, a w najmniejszym wielkie; w grzechu siła do przebaczenia, a w sile wyzwolonej przebaczeniem wzniesienie do Wewnętrznego Życia, do wiecznego bytu.

Dlatego również w negatywnym może działać to, co boskie – wtedy, gdy człowiek z całego serca prosi o przebaczenie, przebacza i już więcej nie grzeszy. Człowiek musi jednak zrobić pierwszy krok do Wewnętrznego Życia.

Rozpoznajcie: Jeśli to wszystko, co robicie – czy jest to modlenie się, poszczenie czy też rozdawanie jałmużny – nie jest robione bezinteresownie, lecz po to, aby wykazać się przed ludźmi, to zapłatę otrzymaliście już od ludzi; Bóg was wtedy nie wynagrodzi. I jeśli pościcie jedynie z powodu nadwagi, to nie pomnażacie w sobie Ducha waszego Ojca. Kto jednak przyjmuje pożywienie w imię Najwyższego i zachowuje miarę, a od czasu do czasu pości, by odprężyć i odtruć swoje ciało, żeby siła Boga mogła w prawidłowy sposób zasilić wszystkie komórki i narządy, ten ćwiczy również, dosłownie, przyjmowanie i wchłanianie życia z Boga, by w Nim żyć. Jednocześnie w modlitwie poświęci on swoje życie Bogu, żeby w ten sposób stopniowo stać się żywą modlitwą.

Nie opłakujcie zmarłych

Podobnie czyńcie, gdy żalicie się z powodu umarłych i opłakujecie ich, albowiem wasza strata jest ich zyskiem. Nie czyńcie tak jak ci, którzy ich opłakują przed ludźmi, głośno żalą się i rozdzierają szaty swoje, aby inni widzieli ich żałość. Albowiem wszystkie dusze znajdują się w ręku Boga, a wszyscy ci, którzy dobrze czynili, będą spoczywali z przodkami swoimi na łonie Wiekuistego.

Módlcie się raczej za ich pokój i wzlot i pamiętajcie, że oni znajdują się w krainie spokoju, którą Wiekuisty dla nich przygotował, i że sprawiedliwą zapłatę za uczynki swoje otrzymają - a nie szemrajcie jak ci, którzy nadziei nie mają.
(Rozdział 26, 10-11)

Chrystus wyjaśnia, prostuje
i pogłębia słowo:

Ten, kto opłakuje zmarłych, jest jeszcze daleki od wiecznego życia, gdyż widzi śmierć jako koniec. On nie osiągnął jeszcze zmartwychwstania we Mnie, w Chrystusie. Zalicza się więc do duchowo martwych.

Nie opłakujcie waszych zmarłych! Kto opłakuje stratę człowieka, nie myśli o korzyści duszy, która – jeśli żyła we Mnie, w Chrystusie – wchodzi w obszary życia o wyższej świadomości. Skoro bowiem w bycie ziemskim żyła w Bogu, to będzie w Nim żyć i w innej formie bytu.

Rozpoznajcie: Doczesne życie w ciele nie jest życiem duszy. Dusza przyjmuje ciało tylko na krótki czas, żeby w świecie doczesnym naprawić i spłacić to, co nałożyła sobie w różnych szatach ziemskich. Ziemię powinno się widzieć tylko jako stację przejściową, na której dusze w szacie ziemskiej w krótkim czasie oczyszczają się z tego, czego po drugiej stronie zasłony świadomości – zwanej też mglistym murem – tak szybko przezwyciężyć nie mogą.

Kiedy dusza opuszcza swoją ziemską szatę, ludzie opłakują jedynie szatę, a nie myślą o duszy, która uwolniła się z ciała.

Świetlistą duszę zaraz po odłożeniu ziemskiego ciała prowadzą świetliste, niewidoczne dla ludzi istoty na taki poziom świadomości, jaki odpowiada myśleniu i życiu człowieka, w którym ta dusza była wcielona.

Rozpoznajcie: Każdą duszę, która opuściła ciało, jeszcze przez pewien czas coś przyciąga do ludzi, z którymi żyła. Bardzo bolesnym doświadczeniem jest dla niej to, że jej była ziemska rodzina opłakuje jej powłokę. Bliska jeszcze ziemi dusza bardzo dobrze rozpoznaje, dlaczego krewni opłakują tylko jej ludzką powłokę i dlaczego żałobnicy nie zwracają na nią jako na duszę uwagi. Dusza, która musi to rozpoznać, odczuwa pierwszy głęboki ból po odłożeniu fizycznego ciała. Dowiaduje się bowiem, dlaczego człowiek rozpacza i nie myśli o niej z miłością i w łączności. Ma wgląd w niejedną samolubną myśl swoich dawnych ziemskich krewnych. Nie może zwrócić na siebie ich uwagi, gdyż oni jej nie widzą. Człowiek nie słyszy tego, co ona mówi, i nie widzi tego, co ona może zobaczyć. Dusza jednak odbiera wiele.

Pobudzam was do namysłu: Czy płaczecie nad wężem, kiedy zrzuca skórę i pozostawiając ją za sobą, pełznie dalej?

Podobnie jest z duszą, która opuszcza swoje podlegające rozkładowi ciało, swoją powłokę, i podąża dalej. Opłakujecie więc stratę powłoki i nie pamiętacie o duszy! Ten, kto ma na uwadze duszę, dziękuje Bogu, który wzywa ją z powrotem na swoje łono, jeśli w szacie ziemskiej doceniła ona życie w Bogu i dzięki temu zbliżyła się do Niego. Pamiętajcie o tym, że dla świetlistej duszy odłożenie ciała jest korzystne.

A jeśli tylko przed ludźmi opłakujecie stratę człowieka, to udajecie przed nimi żałobników. W rzeczywistości nie pamiętacie ani o człowieku, ani o duszy. Myślicie tylko o sobie. Dusza, która to odbiera, odkrywa, że nie była bezinteresownie kochana, że służyła tylko samolubnym celom swoich bliźnich.

Wiele dusz musi rozpoznać, że dopóki były w szacie ziemskiej, ich krewni i znajomi żyli przez nie. To znaczy, że dusza jako człowiek nie mogła się sama rozwijać i żyć zgodnie z naturą swojej istoty, gdyż musiała spełniać wolę tych, którzy wymagali od niej tego, co dla nich było pożyteczne. Wiele z tych dusz widzi, co je w życiu ziemskim ominęło, i powraca z tego powodu do ziemskiego bytu. Schodząc na ziemię, przekraczają one znowu zasłony świadomości i jako dusze przebywają ponownie wśród tych, którzy żyli przez nie. Inne znowu dusze starają się przeżyć na ziemi to, czego jako ludzie nie mogły rozwinąć.

Dopóki ludzie przywiązani są do ludzi lub spraw materialnych – takich jak posiadanie, bogactwo i władza – ich dusze będą powracać na ziemię i przywdziewać nowe ziemskie szaty. Istnieją różnorodne przyczyny i powody ponownego wcielania się dusz. Jeśli dusza na przykład rozpozna, że jest związana łańcuchem grzechu ze swoimi krewnymi, to często rezygnuje i dopuszcza życzenie przyjęcia nowego ciała. Ogarnięta tym życzeniem żyje na poziomie świadomości odpowiadającym stopniowi jej rozwoju i tam jest pouczana. Między innymi są jej wyjaśniane wszelkie „za i przeciw" dotyczące ponownego wcielenia. Dusza podąża do wcielenia wtedy, gdy planety, w których zapisane jest to, co przemawia za jej wcieleniem lub przeciw niemu – a więc jej ziemski los – wskazują drogę do materii i gdy na ziemi spłodzone zostaje ziemskie ciało odpowiadające poziomowi jej duchowej świadomości. W tę ludzką powłokę dusza wślizguje się podczas porodu.

Mężczyzna, który spłodził ciało, i kobieta, w której embrion się rozwijał, przyciągnęli duszę, z którą wspólnie mają jeszcze niejedno do oczyszczenia – lub też z którą mają razem podążać drogą Pana w ofiarnej służbie dla bliźniego.

Człowiek powinien spoglądać nie tylko na swoje ciało, lecz przede wszystkim na istotę w nie wcieloną; powinien się starać spełniać wolę Bożą i nie pozwalać, aby inne osoby narzucały mu swoją ludzką wolę.

Rozpoznajcie: Nawet jeśli mówicie: „Spełniam wolę bliźniego, aby zachować zewnętrzny pokój", to uniemożliwiacie rozwój i dojrzewanie swojej duszy, a także duszy bliźniego w taki sposób, jaki jest dobry dla was obojga. Przeszkadzacie sobie i bliźniemu w spełnianiu zadań, które wasze dusze przyniosły ze sobą w ziemski byt, w oczyszczaniu i uwalnianiu się od ciężaru grzechów, które być może zostały przyniesione w to wcielenie jeszcze z poprzednich inkarnacji. Kto pozwala bliźnim wodzić się na postronku, czyli robi to, co inni mu każą, mimo iż widzi, że nie jest to jego droga, ten jest sterowany i mija się z właściwym celem swojego ziemskiego życia. Nie korzysta ze swoich dni, ponieważ jest wykorzystywany przez tych, którym jest posłuszny, i dlatego nie zna drogi, którą jako człowiek ma iść przez życie.

Człowieka zniewalającego współbraci poprzez narzucanie im swojej woli można porównać do wampira wysysającego energię z bliźnich. Taki człowiek nie zna siebie samego i jednocześnie związuje się ze swoją ofiarą. Z drugiej zaś strony, związuje się z nim także ofiara pozwalająca się wysysać. W którymś życiu, w szacie ziemskiej lub też jako dusze w zaświatach, będą znowu oboje do siebie sprowadzeni i będzie się to powtarzać tak długo, aż jedno przebaczy drugiemu.

Jeśli dwoje ludzi związuje się ze sobą – obojętnie kto związał, a kto pozwolił się związać – to oboje obciążają się i oboje muszą to wspólnie oczyścić, aby miłość i jedność znowu zapanowały między nimi.

Nikt nie może powiedzieć: „Ja nic nie wiedziałem o prawach życia". Ja wam mówię: Mojżesz przyniósł wam wyciąg z odwiecznych praw, Dziesięć Przykazań. I skoro będziecie ich przestrzegać, to nie zwiążecie się ze sobą, lecz będziecie żyć w pokoju.

Rozpoznajcie: Jedynie wzajemna miłość i jedność toruje duszom i ludziom drogę do wyższego życia.

Bóg, wiecznie Dobry, podaje każdej duszy i każdemu człowiekowi rękę. Ten, kto ją chwyci, korzysta ze swojego ziemskiego życia. Docenia dni i potrafi w nich także żyć według przykazań, oczyszczając się z tego, co dzień mu pokazuje. Kiedyś jako dusza będzie wędrował i spoczywał w Bogu z tymi wszystkimi, którzy również

korzystali ze swojego ziemskiego bytu, codziennie rozpoznając i przezwyciężając ze Mną,
z Chrystusem, to, co dzień im przynosił i poka-
zywał – radość i cierpienie.

I skoro nie rozpaczacie nad swoim losem,
ponieważ wasz bliźni odłożył ziemską powłokę,
lecz w duchu cieszycie się, że jego dusza w szacie ziemskiej rozpoznała swoje duchowe życie
i przygotowała się do niego, to będziecie z rado-
ścią modlić się za bliźniego do Ojca przeze Mnie,
Chrystusa. Duszy, która jest teraz bliżej Boga, będziecie posyłać siły miłości, aby podążała dalej
do wyższych obszarów i coraz bardziej jednoczyła
się z Bogiem.

Dusza odczuwa radość i smutek swoich krewnych. Dusze ludzi, którzy zamknęli oczy we Mnie,
Chrystusie, czują się przeze Mnie, przez Chrystusa, połączone ze wszystkimi, którzy jeszcze po-
zostają w szacie ziemskiej. Radość duszy, że jej
krewni pamiętają o niej z miłością, dodaje jej sił.

Rozpoznajcie: Ofiarne, pełne miłości modlitwy dają wędrującej duszy siłę i moc na jej drodze

do boskości. Poprzez wasze ofiarne modlitwy czuje ona z wami łączność i odbiera wzmożone siły. Dzięki temu zdoła szybciej odłożyć to, co ludzkie, co jeszcze do niej lgnie, i uwolnić się dla Tego, który jest wolnością i miłością – dla Boga, dla życia. Wielkie jest wynagrodzenie z Boga dla każdej duszy, która poważnie stara się spełniać Bożą wolę.

Rozpoznajcie: Pozbawiony nadziei jest jedynie ten, kto o swojej wierze tylko mówi, a nie żyje zgodnie z tym, w co na pozór wierzy. W głębi duszy niedowiarek nie wierzy w to, co przedstawia jako swoją wiarę, a z tego wynika poczucie beznadziejności.

Gdzie skarb twój, tam serce twoje

N ie gromadźcie też sobie skarbów na ziemi, gdzie jedzą je mole i rdza niszczy i gdzie złodzieje podkopują się i kradną. Ale gromadźcie sobie skarby w niebie, gdzie ani mole, ani rdza nie niszczą i gdzie złodzieje nie podkopują się i nie kradną. Albowiem gdzie skarb wasz, tam jest i serce wasze.

Światłami ciała są oczy. Dlatego też kiedy widzisz jasno, to całe twoje ciało będzie pełne światła. Jeśli jednak brak ci oczu lub są one mętne, to całe twoje ciało będzie ciemne. Jeśli tedy światło, które jest w tobie, jest ciemnością, jakże wielka będzie ciemność!

Nikt nie może dwom panom służyć, gdyż albo jednego nienawidzić będzie, a drugiego miłować, albo jednego trzymać się będzie, a drugim pogardzać. Nie możecie służyć Bogu i mamonie. (Rozdział 26, 12-14)

Chrystus wyjaśnia, prostuje
i pogłębia słowo:

Skarby na ziemi gromadzi tylko ten człowiek, który nie wierzy w Boga, w Jego miłość, mądrość i dobroć. Wielu ludzi udaje, że wierzy w Boga; jednak rozpoznacie ich po ich czynach! Wielu mówi o miłości i dziełach Bożych, lecz rozpoznacie ich jedynie po tym, co robią!

Wielu ludzi mówi o wewnętrznym królestwie i o wewnętrznym bogactwie, a jednak napełniają oni spichlerze tylko dla siebie i dla siebie gromadzą ziemskie bogactwa, aby mieć poważanie u ludzi.

Kto dba tylko o swój dobrobyt, nie zauważa jastrzębia, który rozpostarł już swoje skrzydła, aby zniszczyć gniazdo i porwać bogactwa, które bogacz, budujący gniazdo, nazywa swoją własnością.

Kto jednak dąży najpierw do królestwa Bożego, ten gromadzi wewnętrzne wartości, wewnętrzne skarby. On również w świecie doczesnym otrzyma wszystko, czego mu potrzeba, i ponadto.

Kto jest bogaty we wnętrzu, nie będzie cierpiał biedy na zewnątrz. Natomiast kto jest bogaty na zewnątrz i bogactwo gromadzi, ten potem zazna biedy. Zostaną mu odebrane skarby, które gromadzi na ziemi, aby pomyślał o skarbie wnętrza i mógł wejść w życie, w wewnętrzne bogactwo.

Duszy tak długo będzie brakowało boskiego światła, aż zacznie ona dążyć najpierw do królestwa Bożego. I dopóki jest to jeszcze na ziemi możliwe, uboga w światło dusza będzie znowu wkładała ubogie w światło ciało i być może będzie żyła w biedzie wśród biednych ludzi, aż nastąpi rozpoznanie, że skarb – bogactwo – jest jedynie w Bogu. Ten, którego serce jest w Bogu, wzbogaci się w wewnętrzne wartości i wejdzie do Królestwa Pokoju.

Ja, Chrystus, daję wam miarę, żebyście rozpoznali, gdzie stoicie – czy w świetle, czy też w cieniu: „Albowiem gdzie skarb wasz, tam jest i serce wasze" i tam będzie kiedyś wasza dusza.

Rozważcie: Ten, kto czyta te słowa i stoi na przełomie starego i Nowego Czasu, powinien się pospieszyć, aby zdążyć odnaleźć swoje duchowe życie!

Kiedy bowiem Nowy Czas, czas Chrystusowy, będzie widoczny na całej ziemi i Wewnętrzne Życie będzie urzeczywistniane, to nie będzie już żadnych wcieleń dla tych, którzy dbają o zewnętrzne wartości. Nie będą też już mogli wcielać się ziemscy bogacze, żeby choćby jako najbiedniejsi z biednych naprawić to, czego jako bogacze zaniedbali.

Kiedy Królestwo Pokoju Jezusa Chrystusa posunie się kilka kroków w swoim rozwoju, nie będzie już ani biednych, ani bogatych. Wszyscy ludzie będą wtedy bogaci w Moim Duchu, gdyż otworzyli sobie bramę do wewnętrznego królestwa. Odpowiednio do tego będą też żyć na nowej ziemi pod innym niebem.

Dlatego bądźcie gotowi służyć Bogu i – z miłości do Boga – również swoim bliźnim.

Rozpoznajcie: Nikt nie może służyć dwóm panom, Bogu i mamonie. Jedynie ofiarna miłość jednoczy wszystkich ludzi i wszystkie narody. Człowiek na ziemi i dusza w obszarach oczyszczania będą kiedyś doprowadzeni do podjęcia decyzji: czy chcą służyć Bogu, czy mamonie; czy chcą być z Bogiem, czy przeciw Niemu. Nie ma nic pośredniego – albo z Bogiem, albo z tym, co szatańskie.

Szukaj najpierw królestwa Bożego

latego powiadam wam: *Nie troszczcie się o życie swoje, co jeść i pić będziecie, ani o ciało swoje, czym je przyodziewać będziecie. Czyż życie nie jest czymś więcej niż pokarm, a ciało – niż odzienie? Cóż pomoże człowiekowi, choćby cały świat pozyskał, a życie swoje stracił?*

Spójrzcie na ptaki w powietrzu: one nie sieją ani nie zbierają, ani nie znoszą do spichlerzy, a przecież wasz niebiański Ojciec żywi je. Czyż wy nie jesteście o wiele lepiej strzeżeni niż one? A któż z was może dodać do wzrostu swego łokieć jeden, choćby pragnął tego? A czemuż troszczycie się tak bardzo o odzienie? Przypatrzcie się liliom na polu, jak rosną; nie pracują ani nie przędą. A jednak, powiadam wam, nawet Salomon w całej chwale i wspaniałości swojej nie był tak przyodziany jak one.

Jeśli więc Bóg tak przyodziewa trawę polną, która dziś rośnie, a jutro będzie w piec wrzucona, czyż nie przyodzieje tym bardziej was, o małowierni?

Dlatego nie troszczcie się i nie pytajcie [jak to czynią poganie]: Co będziemy jeść? Co będziemy pić? Lub: W co będziemy się przyodziewać? Albowiem wasz niebiański Ojciec wie, że tego wszystkiego potrzebujecie. Szukajcie najpierw królestwa Bożego i sprawiedliwości Jego, a wszystko inne będzie wam przydane. Dlatego nie troszczcie się o dzień jutrzejszy. Dosyć ma każdy dzień swego własnego utrapienia. (Rozdział 26, 15-18)

Chrystus wyjaśnia, prostuje
i pogłębia słowo:

Kto martwi się o swoje własne życie, o swój dobrobyt – na przykład o to, co będzie jutro jadł i pił lub w co się ubierze – ten źle planuje; myśli bowiem tylko o sobie, troszczy się o swoje własne dobro i mienie, a tym samym planuje już swoje troski.

Natomiast ten, kto spełnia wolę Boga, planuje dobrze. On planuje każdy dzień, a także przyszłość. Taki człowiek wie bowiem, że jego planowanie jest tylko założeniem, które spoczywa w ręku Boga.

Składa on swój plan w ręce Boga, pracuje boskimi siłami i w ciągu dnia pozwala się prowadzić

Bogu. Wie bowiem, że Bóg jest wszechwiedzącym Duchem i bogactwem jego duszy. Kto powierza się Bogu, wstawiając swoją codzienną pracę w światło Boże i spełniając prawo „Módl się i pracuj", otrzyma sprawiedliwą zapłatę. Będzie posiadał wszystko, czego mu potrzeba.

Skoro Bóg, Wiekuisty, ozdabia przyrodę i odziewa lilie na polu, to tym bardziej będzie On karmił i ubierał swoje dziecko, które spełnia Jego wolę! Nie troszczcie się więc o jutro, ale planujcie i powierzcie swój plan woli Bożej, a Bóg, który zna wasz plan, spełni to, co jest dla was dobre.

Daję wam przykład: Dobry architekt sumiennie projektuje dom, uwzględniając wszystkie szczegóły. Kiedy opracuje projekt, sprawdza go jeszcze raz i daje zleceniodawcy do zatwierdzenia. Jeśli zleceniodawca wyrazi zgodę, to prace budowlane zostaną przez rzemieślników wykonane zgodnie z projektem. Architekt wraz ze zleceniodawcą będą doglądać wykonania i wkroczą tylko wtedy, gdy coś będzie realizowane niezgodnie z projektem.

Podobnie powinniście postępować w swoim życiu: Planujcie każdy dzień, i to planujcie dobrze! Przeznaczcie sobie również czas na znalezienie wewnętrznego spokoju, żebyście mogli stale zastanawiać się nad swoim życiem i swoim planowaniem. Starannie zaplanowany dzień złożony w wolę Bożą Bóg przeniknie swoją wolą. Ten, kto tak planuje, nie musi troszczyć się o jutro. Jego wiara w prowadzenie Boga wyraża się w pozytywnych myślach; z nich powstają pozytywne słowa i zgodne z Prawem czyny. Pozytywne myśli, słowa i czyny są najlepszymi narzędziami, gdyż w nich działa Boża wola. Oznacza to, że w każdej pozytywnej myśli, w każdym ofiarnym słowie, w każdym bezinteresownym odruchu i czynie działa wola Boga, Jego Duch. Bóg da wszystko, co potrzebne – i ponadto – temu, kto dobrze planuje.

Jedynie ten martwi się o jutro, kto nie powierza się Bogu i marnuje czas bez pożytku. Kto bezmyślnie spędza dzień, a potem obwinia bliźniego, kiedy mu się coś nie udaje, kiedy choruje lub głoduje, kiedy brak mu rzeczy niezbędnych do codziennego życia – ten planuje źle. Jest lękliwym, samolubnym człowiekiem, który przyciąga to, czego nie chce i czego się boi. Bóg nie może prowadzić tego, kto nie planuje godzin, dni z Bożą pomocą i nie powierza swojego planu i siebie samego woli Bożej. Prowadzony przez Boga może być jedynie ten człowiek, który swoją codzienną pracę powierza Bogu i sumiennie spełnia przykazanie „Módl się i pracuj". On jest wypełniony Bogiem – jest pełen miłości, mądrości i siły. Innymi słowy: jego naczynie, jego życie, wypełnione jest ufnością i wiarą w Boga.

Ludzie, którzy żyją w Duchu Bożym, nie będą cierpieć biedy. Oni dobrze planują, są silnej wiary i pracują siłami Ducha. Tylko lękliwy człowiek dba o siebie, o swoje małe ja. Martwi się o jutro, gdyż nie jest umocniony w Bogu i nie wierzy w mądrość i miłość Bożą. Nieświadomie otwiera przez to spichlerze dla złodziei, którzy przyjdą i okradną go. Straci wszystko, co dla siebie zdobył i uzbierał.

Z Bożej ręki ludzie otrzymują pożywienie, dach nad głową i odzież. Ten, kto złoży w ręce

Boga swoje życie, swoje myśli i swoją pracę, nie musi troszczyć się o jutro. Dzisiaj, jutro i w przyszłości będzie posiadał to, czego mu potrzeba – a nawet ponadto.

Kto żyje w wewnętrznym królestwie, ten i na zewnątrz nie będzie cierpiał biedy. Ale ten, kto jest biedny wewnątrz, będzie także na zewnątrz w niedostatku. Jeśli dzisiaj żyje w świecie zewnętrznym, pomnażając i zatrzymując dla siebie samego ziemskie bogactwa, to jest we wnętrzu ubogi i w innej szacie ziemskiej będzie cierpiał niedostatek, a więc będzie biedny.

Dlatego szukajcie najpierw królestwa Bożego i Jego sprawiedliwości, a będzie wam dane od Boga wszystko, czego wam potrzeba – i ponadto. Spójrzcie na ptaki w powietrzu: one nie sieją ani nie zbierają, ani nie znoszą do spichlerzy, a jednak wasz niebiański Ojciec żywi je. „(...) *Przypatrzcie się liliom na polu, jak rosną; nie pracują ani nie przędą*". Przyroda w swojej różnorodności jest odziana piękniej niż najbogatszy z bogatych. Dlatego ten, kto myśli tylko o swoim dobrobycie i o swoich pełnych spichlerzach, będzie w tym ziemskim życiu albo w kolejnych wcieleniach – dopóki będą one jeszcze możliwe – w pocie czoła zarabiać na swój chleb.

Prawidłowo modli się i pracuje ten, kto pracuje dla siebie i dla dobra ogółu. Rozpoznajcie: Lilie na polu – cała przyroda – istnieją dla wszystkich ludzi i darują się im w najróżnorodniejszy sposób. Kto zdoła to pojąć i ocenić, nie będzie musiał zarabiać na swój chleb w pocie czoła. Będzie spełniał prawo „Módl się i pracuj" – dla siebie i dla bliźnich.

A jeśli jest napisane: „(...) *nie pracują ani nie przędą*", to słowa te oznaczają: człowiek nie powinien myśleć tylko o sobie i pracować jedynie po to, by czerpać dla siebie korzyści, szczycić się nimi i wykazywać.

Rozpoznajcie: Wszystko jest pod Bożą opieką. Zwierzęta, drzewa, rośliny, trawy i kamienie znajdują się pod opieką Bożą. Podlegają one ewolucji, którą kieruje odwieczny Bóg Stworzyciel. Ponieważ wszelkie życie jest z Boga, to również i zwierzęta, drzewa, rośliny, trawy i kamienie odczuwają. Doznają w sobie siły ewolucyjnej Stworzyciela, która je ożywia i prowadzi do dalszego rozwoju w cyklu boskich eonów. Siła stworzycielska, odwieczny byt, daje królestwom przyrody to, czego im potrzeba. Dary życia płyną do form życia w miarę ich duchowego rozwoju.

Odwieczny Ojciec pamięta o każdym źdźble trawy. O ileż bardziej pamięta On o swoich dzieciach, które osiągnęły już w sobie stopnie rozwoju królestw minerałów, roślin i zwierząt! Dzieci Boga mają w sobie mikrokosmos z makrokosmosu, a zatem są w łączności z całą nieskończonością.

Jakże biedny jest człowiek, który martwi się o jutro! Sam pokazuje, że nie przezwyciężył jeszcze wczoraj, gdyż nie potrafi żyć dzisiaj, tu i teraz, a więc w Bogu.

Wnętrze człowieka, czysty byt, jest kwintesencją nieskończoności. Kto jako człowiek to pojmie, skieruje się do wnętrza i rozwinie prawa życia, tak że będzie mógł zobaczyć w świetle prawdy wszystko, co jest na zewnątrz.

Rozpoznajcie: Człowiekowi, który myśli i żyje wszechobejmująco – a więc bez ograniczeń – służy nieskończoność. Ludzie żyjący w Duchu miłości nie krążą wokół siebie, lecz są wszechświadomi; są w stałej łączności z boskimi siłami we wszelkim bycie. Cokolwiek robią, robią z wnętrza mocą miłości. Planują i działają zgodnie z przykazaniem „Módl się i pracuj", i nie marnują dnia. Wiedzą bowiem, jak cenne są dni, godziny i minuty i korzystają z czasu.

Tak więc ten, kto żyje prawdziwie, nie martwi się o jutro; on już dzisiaj odbiera to, co jutro będzie posiadał. Nie będzie ani dzisiaj, ani jutro żył w biedzie, ponieważ żyje w Bogu. Kto jednak pozostaje lękliwy i trzyma swój majątek przy sobie, jutro będzie biedny.

Natomiast ten, kto widzi siebie jako kosmiczną istotę, która bez ograniczeń spełnia wolę Boga, osiągnie mądrość i moc. Życie wypełnionego miłością i mądrością, przeniknięte jest mocą Bożą; niczego mu też nie zabraknie. Nieszczęście przyciąga ten, kto martwi się o jutro i widzi przyszłość w ponurym świetle; dla niego każdy dzień będzie ciężarem.

Nie myślcie więc o jutrze! Planujcie siłą Bożą i pozwólcie Odwiecznemu przez was działać. Wtedy wasze myśli będą jak pozytywne magnesy, przyciągające tak samo pozytywne i budujące energie. Myśli, słowa i czyny są bowiem magnesami, które zależnie od swoich właściwości przyciągają to samo lub podobne.

Nie osądzaj bliźniego

N ie sądźcie, abyście nie byli sądzeni. Albowiem jakim sądem sądzicie, takim was osądzą; i jaką miarą mierzycie, taką i wam odmierzą. I co czynicie innym, to i wam czynić będą. *(Rozdział 27, 1)*

Chrystus wyjaśnia, prostuje
i pogłębia słowo:

Czytaliście, że myśli, słowa i czyny są magnesami. Ten, kto w myślach i w słowach osądza i potępia bliźniego, dozna tego samego lub podobnego.

Rozpoznajcie: Wasze negatywne myśli i czyny są waszymi sędziami. *„Jaką miarą mierzycie"* – czy to w myślach, czy w słowach i czynach – taką i wam odmierzą. Tak jak poniżacie bliźniego, aby siebie wywyższyć, tak i wy będziecie oceniani i doznacie boleśnie, ile jesteście warci. A jeśli mówicie: „Temu musi wystarczyć to, co ma, tamten powinien dostać więcej", to będziecie kiedyś posiadać tylko tyle, ile ten, któremu przyznaliście mniej – albo i jeszcze mniej. To, jak postępujecie wobec bliźniego w myślach, słowach i czynach, kiedyś i was spotka.

Rozpocznij od siebie samego

A czemu widzisz źdźbło w oku brata swego, a belki w oku swoim nie dostrzegasz? Albo jak śmiesz mówić do brata swego: Pozwól, że wyjmę źdźbło z oka twego? A oto w oku twoim jest belka. Obłudniku, wyjmij najpierw belkę z oka swego, a wtedy przejrzysz, aby wyjąć źdźbło z oka brata twego. (Rozdział 27, 2)

Chrystus wyjaśnia, prostuje
i pogłębia słowo:

Tylko ten ciągle mówi o źdźble w oku bliźniego, kto nie dostrzega belki we własnym. Tylko ten pilnie stara się wyjąć źdźbło z oka brata swego, kto nie zna własnego życia i własnego sposobu myślenia. Kto siebie nie zna i nie widzi belki – grzechów w duszy, które odzwierciedlają się w jego własnych oczach – jest ślepy na prawdę; jego wzrok jest zaćmiony grzechem. On widzi w bliźnim tylko grzesznika, którym sam jeszcze jest. Jedynie ten, kto obrabia belkę we własnym oku, widzi coraz jaśniej, a wtedy zauważa coraz wyraźniej źdźbło w oku swego brata i może mu pomóc je usunąć zgodnie z Prawem miłości bliźniego.

Kto więc źle mówi o współbraciach, poniża ich i oczernia, ten nie zna swoich własnych wad.

Po owocach będziecie ich poznawać! Każdy sam pokazuje, kim jest, a więc jakim jest owocem. Ten, kto oburza się na bliźnich i ich ośmiesza, pokazuje, kim naprawdę jest.

Pomóc bliźniemu będzie w stanie ten, kto najpierw usunie swoje własne wady. Dlatego obłudnikiem jest ten, kto wyraża się negatywnie o błędach swojego brata, a nie dostrzega belki we własnym oku.

Nie misjonuj

Nie dawajcie psom tego, co święte, i nie rzucajcie pereł przed wieprze, by ich snadź nie podeptały nogami swymi i obróciwszy się, nie rozszarpały was. (Rozdział 27, 3)

Chrystus wyjaśnia, prostuje
i pogłębia słowo:

Nie odpowiada to odwiecznemu Prawu wolnej woli, żebyście ze słowami prawdy chodzili od jednej miejscowości do drugiej, od jednego domu do drugiego, stosując sztuki namawiania i perswazji i nawracając każdego, kto wam wpadnie w ręce. Oznaczałoby to, że nie uświęcacie prawdy i że czynicie tak, jak to obrazowo zostało napisane: „Nie dawajcie psom tego, co święte, i nie rzucajcie pereł przed wieprze (…)". Nie powinniście więc narzucać bliźniemu Słowa Bożego. Ten, kto uważa, że bliźni musi wierzyć i przyjąć to, o czym on – jak mu się wydaje – jest przekonany, sam jeszcze wątpi, sam kwestionuje swoją wiarę.

Misjonowanie jest chęcią przekonywania. Ten, kto chce przekonywać, sam nie jest w swoim wnętrzu przekonany do tego, co zachwala.

Bądźcie jednak dobrym przykładem w waszej wierze, a nie misjonarzami. Możecie ofiarować swoje dobro duchowe i zostawić każdemu wybór, czy zechce w to wierzyć, czy nie, czy chce się do was przyłączyć, czy też nie.

Wolność w Bogu jest jednym z aspektów odwiecznego Prawa. Jeśli bliźni przyjdzie do was z wolnej woli i zapyta o waszą wiarę, to zrobił w waszym kierunku krok; wówczas ten, kto jest mocny w wierze, skieruje się do bliźniego i odpowie mu.

Kto jest w boskiej łączności z bliźnim, nie będzie związywał swoją wiarą, lecz przekaże tyle, ile sam rozpoznał i urzeczywistnił. Przywiązać bliźniego do swojej wiary pragnie jedynie ten, kto nie rozwinął ofiarnej miłości.

Wystrzegajcie się zatem zbyt gorliwych, którzy chcą was namówić na swoją wiarę. Ofiarowujcie odwieczną prawdę w słowie i na piśmie i sami żyjcie według niej. Wtedy zbliżą się do was ci, którzy w sobie rozpoznali życie.

Wejdź do swojego wnętrza

Proście, a będzie wam dane. Szukajcie, a znajdziecie. Kołaczcie, a otworzą wam. Każdy
bowiem, kto prosi, otrzymuje, kto szuka, znajduje, a kto kołacze, temu otworzą. (Rozdział 27,4)

Chrystus wyjaśnia, prostuje
i pogłębia słowo:

Prosi, szuka i stuka do drzwi Wewnętrznego Życia tylko ten, kto nie wkroczył jeszcze do
swojego wnętrza, do królestwa miłości. Królestwo Boże jest w głębi duszy każdego człowieka.

Pierwszym krokiem na ścieżce do Wewnętrznego Życia, na drodze do bram zbawienia, jest
prośba do Boga o wsparcie i pomoc. Następnym
jest szukanie Bożej miłości i sprawiedliwości.
Wędrowiec znajdzie życie, Bożą miłość i sprawiedliwość w przykazaniach życia, które są dro-
gowskazami na drodze do wnętrza.

Kolejnym krokiem jest stukanie do wewnętrznych drzwi w głębi własnego serca. Te drzwi do

serca Boga otworzą się tylko przed tym, kto szcze-
rze prosił, szukał i stukał. Wewnętrzne drzwi nie
otworzą się przed ludźmi kierującymi się rozumem, dążącymi tylko do zewnętrznych wartości
i ideałów. Również sceptycy nic nie otrzymają.

A więc ten, kto prosi, szuka i stuka, musi robić to z miłości do Boga, a nie po to, by miłość
Bożą wystawić na próbę.

Rozpoznajcie: Ten, kto chciałby tylko sprawdzić, czy miłość Boża rzeczywiście istnieje, bardzo szybko sam będzie sprawdzony. Bramy serca stoją otworem dla tego, kto żyje w Bogu; on
nie musi więcej prosić – już otrzymał; Bóg bowiem zna swoje dzieci. Ten, kto powraca do serca Boga, w swojej duszy już otrzymał. Oznacza
to, że bogactwo z Boga mocniej rozświetla jego
duszę i promieniuje przez niego, przez człowieka. Kto wszedł do swojego wnętrza, nie musi już
więcej szukać – już jest w królestwie wnętrza
w domu. A kto świadomie w nim zamieszkał, nie
potrzebuje już stukać; on już przekroczył próg
i żyje w Bogu, a Bóg przez niego.

Jedynie ci będą prosić, szukać i stukać, którzy stoją jeszcze na zewnątrz i nie wiedzą, że w głębi duszy noszą to, co ich naprawdę wzbogaca: Bożą miłość i mądrość.

Sam dawaj to, czego oczekujesz

zy jest między wami taki człowiek, który gdy go syn prosi o chleb, da mu kamień? Albo gdy go będzie prosił o rybę, da mu węża? Jeśli tedy wy, będąc złymi, potraficie dawać dobre dary dzieciom swoim, to ileż więcej dobrego da wasz Ojciec w niebie tym, którzy Go proszą.

A więc wszystko, co byście chcieli, aby wam ludzie czynili, to i wy im czyńcie, a czego byście nie chcieli, aby wam czynili, i wy im nie czyńcie; takie bowiem jest Prawo i prorocy. (Rozdział 27, 5-6)

Chrystus wyjaśnia, prostuje
i pogłębia słowo:

Rozpoznajcie: Nie powinniście wymagać od swoich współbraci tego, czego sami nie chcecie dać.

Jeśli oczekujecie od bliźniego, żeby coś dla was zrobił, to postawcie sobie pytanie: „Dlaczego sam tego nie robię?". Ten, kto na przykład oczekuje od bliźniego dóbr i pieniędzy, aby z powodu swego wygodnictwa nie pracować, albo oczekuje od bliźniego wierności, a sam nie jest wierny, lub też chciałby, aby bliźni przyjął go do serca, a sam swoich współbraci ani nie akceptuje, ani do serca nie przyjmuje – jest samolubny i biedny w Duchu.

Czegokolwiek wymagasz od bliźniego, tego sam w sercu nie posiadasz.

Nie jest zgodne z Prawem zmuszanie współbraci – z powodu swoich własnych oczekiwań – do czynów, wypowiedzi lub sposobów postępowania, do których sami z siebie nie byliby gotowi.

Jeśli ze swoich życzeń skierowanych do bliźniego rozpoznałeś, że znajdujesz się w postawie oczekiwania, to szybko zawróć i sam zrób najpierw to, czego żądasz od bliźniego.

Każdy nacisk jest presją, wywołującą znowu nacisk i presję. Przez takie wymuszanie czegoś od współbraci związujesz się z nimi i czynisz siebie, jak i tego, kto na takie wymuszanie pozwolił, niewolnikiem niskiej natury. Takie metody przymusu jak: „Ja oczekuję od ciebie, a ty oczekujesz ode mnie – każdy daje drugiemu to, czego ten oczekuje", prowadzą do związania.

Na to, co jest związane, nie ma miejsca w niebie. Dwoje związanych ze sobą spotka się znowu – albo w życiu niematerialnym, albo w kolejnych wcieleniach.

Ten rodzaj związania nie dotyczy stosunków w miejscu pracy. Jeśli w pracy dobrowolnie włączyłeś się w jakiś zakres działań i odpowiedzialny współpracownik daje ci zlecenia, które w ramach swoich czynności masz wykonać, to zgodziłeś się na to już przy podjęciu pracy w tym zakładzie. Dobrowolnie włączyłeś się w ten zakres pracy i w zespół współpracowników, aby wykonać to, co zostanie ci zlecone. Jeśli więc wybrałeś miejsce pracy, to powinieneś też wykonać to, co zgodnie z wybranym przez ciebie zakresem pracy jest ci zlecone. Zatem wypowiedź: „*A więc wszystko, co byście chcieli, aby wam ludzie czynili, to i wy im czyńcie (…)*", nie dotyczy stosunków w obranym przez was samych zawodzie lub w zakresie pracy.

„*(…) a czego byście nie chcieli, aby wam [ludzie] czynili, tego i wy im nie czyńcie (…)*" oznacza: Jeśli nie chcecie, aby was wyśmiano i z was szydzono lub okradziono was i okłamano albo też aby wam odebrano wasze mienie bądź wodzono was na postronku i nie szanowano waszej wolnej woli lub aby was bito i znieważano – to nie róbcie tego swoim współbraciom. To bowiem, co robicie najmniejszemu ze swoich braci, robicie Mnie – i sobie samemu. Czego byście nie chcieli, aby wam zrobiono, tego nie róbcie żadnemu ze swoich bliźnich, gdyż wszystko, co od was wychodzi, do was powraca. Dlatego sprawdzajcie swoje myśli i pilnujcie swojego języka!

Oprzyj się pokusie –
stań po stronie Boga

Wchodźcie przez ciasną bramę. Albowiem wąska jest droga i ciasna brama, która prowadzi do życia, i niewielu jest tych, którzy ją znajdują. A szeroka jest brama i przestronna droga, która wiedzie na zatracenie, i wielu jest takich, którzy nią kroczą. (Rozdział 27, 7)

Chrystus wyjaśnia, prostuje
i pogłębia słowo:

„(…) wąska jest droga i ciasna brama, która prowadzi do życia (…)" oznacza: W każdym, kto stara się kroczyć wąską drogą do życia, daje o sobie znać wysłannik ciemności i pokazuje mu – tak jak Mnie, kiedy byłem Jezusem z Nazaretu – skarby i przyjemności tego świata. Codziennie na nowo trzeba umieć oprzeć się temu, co szatańskie, i od tego się odciąć. Kto nie jest czujny, staje się temu podporządkowany.

Rozpoznajcie: Każdy, kto stawia pierwsze kroki na drodze życia, czuje się z początku skrępowany i ograniczony, dopóki nie podejmie ostatecznej decyzji. Powinien bowiem od teraz zostawić swoje dotychczasowe ludzkie myśli i uczynki.

Pierwsze kroki prowadzą w nieznane – nazywają się one „wiara" i „ufność". Jak długo robimy pierwsze kroki, ścieżka do życia jest wąska i ciasna. Pierwszą przeszkodą, którą trzeba pokonać na drodze do serca Boga, jest: Zawróć i zaniechaj starych, ludzkich nawyków! Pożałuj, przebacz, proś o przebaczenie i nie grzesz już więcej! Dla każdego oznacza to wysiłek i zmianę dotychczasowych zwyczajów.

Kto jednak przetrwa z Moją siłą, ten opuści wąską ścieżkę i wydostanie się na wielką, świetlistą drogę do królestwa wnętrza, na której razem z wędrującymi ku światłu będzie podążał w kierunku bram do absolutu, do życia w Bogu.

Każdego dnia człowiek stoi przed decyzją: z Bogiem lub przeciw Bogu.

Kto decyduje się przeciwko Mnie, zatrzymując wszystkie ludzkie przyjemności i wszystko, co czyni go człowiekiem, nie będzie wodzony na pokuszenie na szerokiej, ciemnej drodze, gdyż zaprzedał się kusicielowi. Tą drogą ku zatraceniu podąża wielu. Oni nie są wystawiani na próbę tak jak ci, którzy kroczą wąską ścieżką do życia.

Kto zaprzedał się kusicielowi, ten zgadza się bez ograniczeń na to, co ze względu na swój siew będzie zbierał.

Po owocach rozpoznacie ich

Strzeżcie się fałszywych proroków, którzy przychodzą do was w owczym odzieniu, wewnątrz zaś są drapieżnymi wilkami. Po ich owocach rozpoznacie ich. Czyż można zbierać winogrona z cierni albo z ostu figi?

A przeto każde dobre drzewo wydaje dobre owoce, a złe drzewo złe owoce rodzi. Każde drzewo, które nie przynosi dobrych owoców, wycina się i wrzuca w ogień. Dlatego po ich owocach odróżnicie dobre od złego. (Rozdział 27, 8-9)

Chrystus wyjaśnia, prostuje
i pogłębia słowo:

Na końcu materialistycznych dni, czasu „zachłanności i chciwości", pojawi się wielu fałszywych proroków. Będą oni dużo mówić o miłości Bożej, a jednak ich dzieła będą ludzkie. Prawdziwym prorokiem i duchowym mędrcem nie jest ten, kto mówi o miłości Bożej, lecz jedynie ten, którego czyny są dobre.

Zdolność sprawdzenia tego będzie miał ten, kto najpierw sprawdzi swoje własne poglądy, to, czy sam naprawdę wierzy w ewangelię ofiarnej miłości i spełnia jej wskazania i co z ofiarnej miłości do bliźniego już urzeczywistnił.

Dopiero kiedy osiągniecie kilka stopni duchowej dojrzałości, będziecie mogli rozpoznać swoich współbraci i odczuć różnice między dobrym, mniej dobrym i złym.

Nie może sprawdzić swoich współbraci ten, kto bliźnich jeszcze potępia i negatywnie o nich myśli i mówi. Nie posiada on jeszcze daru rozróżniania. On jedynie potępia, a nie sprawdza.

Jeśli jesteście jeszcze złym owocem, to jak możecie rozpoznać dobre owoce? Kto nie urzeczywistnia praw Bożych, ten nie posiada daru rozróżniania pomiędzy dobrym, mniej dobrym i złym.

Kto chciałby sprawdzić swojego bliźniego, niech najpierw sprawdzi, czy sam posiada dar rozróżniania pomiędzy tym, co sprawiedliwe, a tym, co niesprawiedliwe.

Bardzo szybko dobry owoc może być odrzucony, a zły przyjęty – a to wtedy, gdy zgniły owoc wykazuje się krasomówstwem i działa przez wiele pozornie przekonywających słów i gestów.

Rozpoznajcie: Podobne przyciąga podobne. Złe owoce bliższe są niż dobre temu, kto sam jest jeszcze złym owocem. Kto jednak jest bezinteresowny, ten jest dobrym owocem i jest mu bliskie to, co dobre, ofiarne.

Bezinteresowny posiada dar rozróżniania pomiędzy dobrymi, mniej dobrymi i złymi owocami. Kto więc pragnie odróżnić dobre owoce od złych, musi najpierw sam stać się dobrym owocem. Jedynie dobry owoc może rozpoznać zły. Zły owoc wciąż będzie szukał innych, sobie przychylnych złych owoców, aby występować przeciw dobrym. Złe owoce osądzają, potępiają, odrzucają i związują.

Dobre, dojrzałe owoce są wyrozumiałe, życzliwe, tolerancyjne i wielkoduszne. Zwracają wprawdzie uwagę na niedociągnięcia, ale zachowują bliźniego w sercu. To oznacza, że już nie osądzają, nie wyrokują i nie potępiają.

Powtarzam: Po owocach poznacie ich.

Dobry owoc zna zły owoc, ale zły owoc nie rozpoznaje dobrego owocu. Dobry owoc patrzy jedynie na to, co dobre, zły owoc jedynie na to, co złe. Odpowiednio do tego człowiek myśli, mówi i postępuje.

Spełniaj wolę Bożą

N ie wszyscy, którzy do Mnie mówią: Panie! Panie! wejdą do królestwa niebios, lecz tylko ci, którzy czynią wolę Mojego Ojca, który jest w niebie. W owym dniu wielu powie Mi: Panie, Panie, czyż nie prorokowaliśmy w imieniu Twoim? Czyż w imieniu Twoim nie wypędzaliśmy diabłów? Czyż w imieniu Twoim nie czyniliśmy wielu cudów? A wtedy im powiem: Nigdy was nie znałem, idźcie precz ode Mnie wy wszyscy, którzy czyniliście bezprawie. (Rozdział 27, 10)

Chrystus wyjaśnia, prostuje
i pogłębia słowo:

Ten, kto tylko przywołuje Moje imię, a nie spełnia woli Mojego Ojca – mimo swoich pozornie duchowo brzmiących wypowiedzi i swoich pozornie godnych zaufania słów – jest biedny w Duchu i nie wejdzie do królestwa niebiańskiego.

Natomiast ten, kto dokonuje ofiarnych czynów, nie oczekując zapłaty i uznania, spełnia wolę

Mojego Ojca, gdyż tak jak postępuje, tak również myśli i mówi.

Ofiarne czyny powstają jedynie z odczuć i myśli wypełnionych Bogiem. Jeśli myśli człowieka są nieszlachetne, to i jego słowa są jałowe, a czyny samolubne.

Rozpoznajcie: Kto pozornie mówi z Jam Jest, a więc pozornie wypowiada Moje Słowo i pozornie w Moim imieniu działa i dobrze z tego żyje, ten otrzymał już swoją zapłatę. On w niebie nie dostanie już żadnej zapłaty. Natomiast ten, kto bezinteresownie dokonuje dzieł miłości i pracuje na swój ziemski chleb, otrzyma w niebie sprawiedliwą zapłatę.

Rozpoznajcie: Duchowy chleb jest duchowym pożywieniem duszy. Na chleb dla ciała powinno się zarabiać zgodnie z prawem „Módl się i pracuj".

Duchowy chleb pochodzi z niebios; jest on darowany tym, którzy przestrzegają Prawa miłości i życia, a także spełniają przykazanie „Módl się i pracuj".

Ziemski pokarm Bóg daruje ludziom poprzez ziemię. Owoce ziemi wymagają przygotowania pracą rąk. Tak więc pracownik wart jest swojej zapłaty.

Rozpoznajcie różnicę pomiędzy chlebem dla duszy a chlebem dla ziemskiego ciała! Wprawdzie oba wywodzą się z jednego źródła, ale jeden jest duchowy i podawany jest duszy, a drugi jest zagęszczoną substancją, materią, i dawany jest fizycznemu ciału. To, co wielki Duch, Bóg, daruje ludziom dla ich fizycznego ciała, wymaga ludzkiej pracy; trzeba na przykład zasiać, uprawiać rolę, zbierać plony i przetwarzać je. I za to też człowiek powinien być wynagrodzony przez człowieka.

Do królestwa Bożego przyjęty będzie tylko ten, kto wszystko robi z miłości do Boga i do ludzi.

Buduj na opoce – na Chrystusie

K ażdy więc, kto słucha słów Moich i wypełnia je, będzie przyrównany do męża mądrego, który zbudował dom swój na opoce. I spadł deszcz ulewny, i wezbrały rzeki, i powiały wiatry, i uderzyły na ów dom, ale nie zapadł się on, gdyż był postawiony na opoce.

A każdy, kto słucha słów Moich i nie wypełnia ich, przyrównany będzie do męża głupiego, który zbudował dom swój na piasku. I przyszedł deszcz ulewny, i wezbrały rzeki, i powiały wiatry, i uderzyły na ów dom, a on zapadł się i wielki był upadek jego. Lecz miasto mocno zbudowane, otoczone wokoło potężnym murem lub założone na szczycie góry i na opoce nie może nigdy upaść ani być zasypane".

A gdy Jezus dokończył tej mowy, zdumiewały się tłumy nad nauką Jego. Albowiem kiedy nauczał, przemawiał On do rozumu i do serca, a nie tak jak uczeni w Piśmie, którzy nauczali tylko z urzędu. (Rozdział 27, 11-13)

Chrystus wyjaśnia, prostuje i pogłębia słowo:

Ten, kto słyszy i wypełnia Moje słowa, rozwija swoje duchowe życie. Buduje swoje życie na Mnie, na opoce, i żadna wichura ani powódź nim nie zachwieje. Po tym ziemskim życiu jego dusza wejdzie świadomie w duchowe życie i nie będzie czuł się tam obco, gdyż już na ziemi jako człowiek żył w królestwie wnętrza.

Duch proroczy jest ogniem w proroku i we wszystkich oświeconych. Bóg mówił i mówi przez nich nie tak jak ci, „którzy nauczali tylko z urzędu". Prorocy i oświeceni głosili i głoszą z pełnomocnictwa Odwiecznego, mówiącego Boga, bez względu na to, czy ludzie chcą to przyjąć jako prawdę, czy też nie.

Jest napisane: „(…) przemawiał On do rozumu i do serca (…)". O tym, co intelekt, czyli rozum, odbiera, rozprawiają i dyskutują ludzie kierujący się rozumem. Mimo wszystko niejedno małe nasionko wpada im do serca. Kto Słowo życia odbiera sercem, ten porusza je też w swoim sercu, tak że dobre nasienie, życie, natychmiast kiełkuje.

Natomiast ten, kto chce Słowo Boże pojąć tylko intelektem, będzie musiał później – być może dopiero po kilku ciosach losu – rozpoznać, co przez swoje wątpliwości i intelektualną pychę odrzucił. Będzie musiał rozpoznać, że to nasienie – Słowo Boże darowane przez proroków i oświeconych z obfitości życia – wiele mogło mu zaoszczędzić.

Dla życia i sposobu myślenia ludzi Nowego Czasu w Królestwie Pokoju Jezusa Chrystusa miernikiem będzie to, jak Ja jako Jezus z Nazaretu myślałem, uczyłem i żyłem. W ten sposób Ja będę im bardzo bliski. Będą Mnie oni w Duchu pozdrawiać jako swojego brata i przyjmować w swoich sercach jako władcę królestwa Bożego na ziemi.

Dwanaście Przykazań Jezusa

Dwanaście Przykazań Jezusa

Biblia chrześcijaństwa zawiera Dziesięć Przykazań Bożych, które Mojżesz przyniósł ludzkości, jak również część nauki Jezusa z Nazaretu.

Chrystus przedstawia teraz poprzez prorocze Słowo wszystkie istotne aspekty swojego życia na ziemi i swojej nauki, rozszerzając znacznie treść Biblii.

Jezus z Nazaretu już dwa tysiące lat temu dał ludzkości Dwanaście Przykazań. Są to przykazania dla powstającego Królestwa Pokoju na ziemi. Nawiązują one do Dziesięciu Przykazań Mojżesza i dane są nam przez Chrystusa, Syna Bożego, Zbawiciela wszystkich ludzi i dusz:

I Jezus rzekł im: „Oto daję wam nowe Prawo, które jednak nie jest nowe, tylko stare. Podobnie jak Mojżesz dał ludowi izraelskiemu Dziesięć Przykazań według ciała, tak Ja pragnę wam dać Dwanaście Przykazań dla królestwa Izraela według Ducha Świętego.

Kto jest tym Izraelem Bożym? Wszyscy z każdego ludu i z każdego rodu, którzy ćwiczą się w sprawiedliwości, miłości i miłosierdziu i spełniają Moje przykazania, są prawdziwym Izraelem Bożym".

I powstawszy, Jezus rzekł:
„Słuchaj, o Izraelu, Jahwe, twój Bóg, jeden jest. Ja mam wielu wieszczów i proroków. We Mnie żyją i poruszają się wszyscy, i mają swój byt.

Nie odbierajcie życia żadnemu stworzeniu dla przyjemności albo dla swojej korzyści ani nie dręczcie go.

Nie kradnijcie dobra innemu ani nie gromadźcie dla siebie ziemi i bogactw ponad wasze potrzeby.

Nie jedzcie mięsa i nie pijcie krwi zabitego stworzenia ani niczego innego, co przynosi szkodę waszemu zdrowiu lub waszej świadomości.

Nie zawierajcie nieczystych małżeństw, w których nie ma miłości i czystości, ani nie zatracajcie siebie samych ani żadnego stworzenia, które przez Świętego stworzone zostało jako czyste.

Nie dawajcie fałszywego świadectwa przeciwko waszemu bliźniemu ani umyślnie nie zwódźcie nikogo przez kłamstwo, aby mu zaszkodzić.

Nie czyńcie nikomu tego, czego byście nie chcieli, aby wam czyniono.

Uwielbiajcie tego Jedynego, Ojca w niebie, od którego wszystko pochodzi, i czcijcie Jego święte imię.

Czcijcie[*] *swojego ojca i swoją matkę, którzy troszczą się o was, oraz wszystkich sprawiedliwych nauczycieli.*

Miłujcie i chrońcie słabych i uciśnionych, i wszystkie stworzenia, którym dzieje się krzywda.

Wyrabiajcie swoimi rękami wszystkie rzeczy, które są dobre i potrzebne. Jedzcie więc płody ziemi, abyście długo żyli w tej krainie.

---

* Chrystus objawił: „czcić" ma tu znaczenie „szanować".

Oczyszczajcie się każdego dnia, a dnia siódmego odpoczywajcie od pracy swojej i święćcie szabat i święta waszego Boga.

Czyńcie innym to, co byście chcieli, aby wam czyniono".

Warto także przeczytać…

Życie kobiety w służbie Odwiecznego

Moja droga jako prorokini nauczającej i ambasadorki Boga na przełomie czasów

Gabriele

Od niemal 50 lat Gabriele służy Bogu, Odwiecznemu, jako Jego prorokini nauczająca i ambasadorka. W swoich autobiograficznych opowieściach przedstawia swoje życie jako człowieka i powołanie na urząd prorokini Boga, a także opisuje, co to znaczy przynosić obecnie na ziemię Jego Słowo, Jego miłość i mądrość.

Autobiograficzną opowieść uzupełniają świadectwa współczesnych mówiące o sile twórczej Gabriele i o ponadludzkich osiągnięciach, których Gabriele dokonała i nadal dokonuje w swoim życiu kobiety na rzecz królestwa Boga, dla ludzi, wszystkich dusz, dla całego Stworzenia Boga.

Zebrane w tej książce autobiograficzne wspomnienia Gabriele są dziś po raz pierwszy publikowane w pełnym zakresie.

204 strony, twarda oprawa
ISBN 978-3-89201-818-6

To jest Moje Słowo
A i Ω

Ewangelia Jezusa
Objawienie Chrystusowe,
jakie znają już prawdziwi
chrześcijanie
na całym świecie

Wieczne Słowo, jedyny Bóg, wolny Duch, mówi przez
Gabriele tak jak przez wszystkich proroków Boga: Abrahama, Mojżesza, Izajasza, Hioba, Eliasza, Jezusa z Nazaretu –
Chrystusa Bożego. W potężnym objawionym dziele „To jest
Moje Słowo – Alfa i Omega" Chrystus porusza z królestwa
Bożego przez Gabriele, prorokinię i ambasadorkę Boga,
przeszłość, teraźniejszość i przyszłość. Zwraca się w swoim
dziele o historycznym znaczeniu do wszystkich ludzi, żeby
wyjaśnić, czego uczył jako Jezus z Nazaretu i jak przebiega-
ło Jego życie, oraz wyjaśnia zależności i procesy wielkiego
dzieła zbawczego, które swój początek ma w królestwie Boga.

1056 stron, twarda oprawa
ISBN 83-911929-6-2

Z przyjemnością prześlemy Państwu
aktualny katalog wydawniczy
i materiały bezpłatne.

Stowarzyszenie
„Gabriele-Wydawnictwo Słowo"
skr. poczt. 45
01-800 Warszawa 45

www.gabriele-wydawnictwo.com
www.gabriele-publishing.com

9 783964 463623